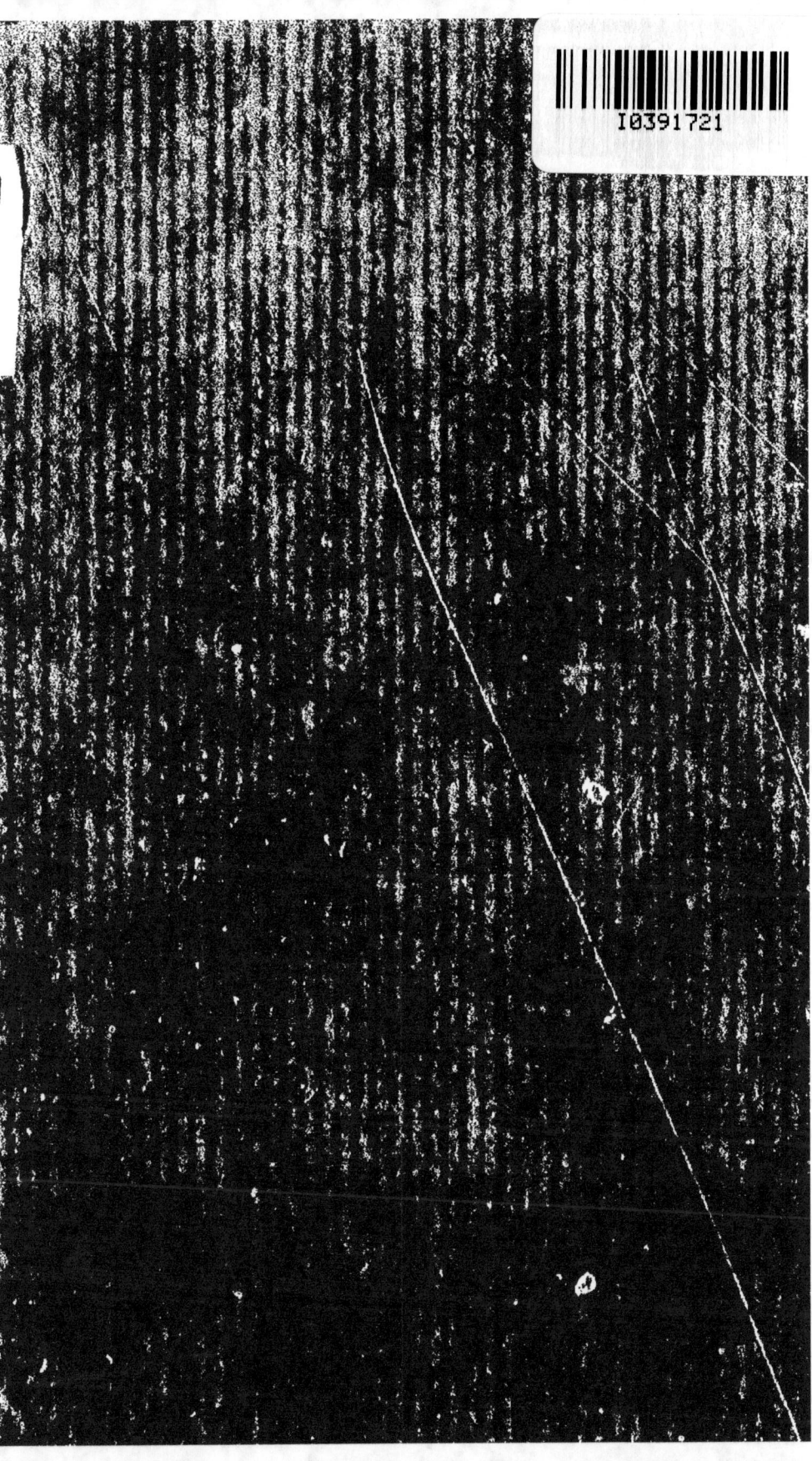

La seconde et la troisième
parties se trouvent dans
ce volume

V 2054
15. D.

2422

# NOTICE

## DES PRINCIPAUX TABLEAUX

### RECUEILLIS DANS LA LOMBARDIE.

## Dédiée

# A L'ARMÉE D'ITALIE.

# NOTICE

## DES PRINCIPAUX TABLEAUX

### RECUEILLIS DANS LA LOMBARDIE

Par les Commissaires du Gouvernement
Français,

*Dont l'exposition provisoire aura lieu dans le
grand salon du Muséum, les Octidis, Nonidis
et Décadis de chaque Décade, à compter du
18 Pluviôse, jusqu'au 30 Prairial, an VI.*

Prix, 15 sols.

## DÉDIÉE A L'ARMÉE D'ITALIE.

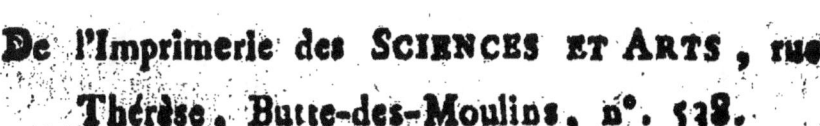

De l'Imprimerie des SCIENCES ET ARTS, rue
Thérèse, Butte-des-Moulins, n°. 538.

# AVERTISSEMENT.

Les Tableaux qu'on met aujourd'hui sous les yeux du Public, font partie de ceux que les Commissaires du Gouvernement français ont recueillis dans cette partie de l'Italie qu'on peut appeler la Lombardie, c'est-à-dire dans les villes de Parme, Plaisance, Milan, Crémone, Modène, Cento et Bologne. Ce n'est encore là qu'une faible partie de la moisson d'objets d'Arts qui a été faite en Italie, il nous reste à recevoir ceux qui ont été recueillis à Mantoue, Pesaro, Fano, Lorette, Pérouse, Foligno, Vérone, Venise, et surtout à Rome, et ce n'est que lorsque tous ces monumens seront arrivés et réunis à ceux qui proviennent de la Belgique et de Dusseldorf, que cet immortel trophée de nos victoires se trouvera complet, et fera sentir l'étendue de la reconnais-

A

sance que la Patrie, et les Arts en particulier,
doivent à nos invincibles armées.

En attendant cette époque qui, grâces à la
sollicitude du Gouvernement, ne peut être éloignée,
l'Administration du Musée a senti la nécessité
de répondre à l'impatience du Public, en lui pro-
curant la prompte jouissance des chefs-d'œuvres
déjà en notre possession. C'est dans cette vue que
dès le moment de leur arrivée, elle s'est occupée
sans relâche des moyens de les mettre en état
de paraître : plus de cent chassis, la plûpart de
grandes dimensions, ont été construits pour tendre
les tableaux peints sur toile, cinquante ont été
magnifiquement encadrés dans des bordures dorées,
et les autres ont reçu des cadres provisoires en
bois, jusqu'à ce que les circonstances permettent
de leur en donner de plus décens. Pendant ces
travaux, qui ont été poussés avec toute l'acti-
vité que permettait la modicité des fonds dispo-
nibles, l'Administration a fait rentoiler, nettoyer
et remettre en état ceux de ces Tableaux qui

par la fumée, la crasse et les vieilles huiles
dont ils étaient recouverts, étaient absolument
hors d'état d'être vus ; et en cela elle n'a fait que
se rendre au vœu bien prononcé de tous les Artistes éclairés qui les ont vu dans cet état de
dépérissement, et à celui des Commissaires eux-
mêmes qui les ont recueillis en Italie (1).

---

(1) *Voici ce que les Commissaires du Gouvernement en*
*Italie écrivaient à l'Administration, en date de Milan le*
*18 Nivôse, an V.* « *Il est essentiel de vous prévenir*
» *que presque tous les Tableaux recueillis, et sur-tout ceux*
» *du Guerchin, ont été retouchés par des mains inhabiles,*
» *nous vous indiquons particulièrement les deux Tableaux*
» *du Dominiquin sur l'un desquels le tonnerre est tombé*
» *anciennement, et dont la restauration est infiniment vi-*
» *cieuse ; il est très-heureux pour l'Art que ces chefs-d'œuvres*
» *soient tirés d'un pays où ils étaient totalement négligés,*
» *et il ne faudra pas moins que la main habile de nos*
» *réparateurs, pour les rendre aux vrais amateurs des*
» *Arts.*

» *Dans une autre lettre, en date de Rome, les mêmes*
» *Commissaires préviennent l'Administration que plusieurs de*

C'est cette opération néanmoins dont la nécessité était si évidente, que la malignité s'est attachée à représenter comme ayant occasionné l'altération ou la ruine de quelques-uns de ces tableaux ; plusieurs journaux se sont rendus les trompettes de ces calomnies ; et un Représentant du peuple, trompé sans doute par des rapports mensongers, en ayant fait retentir la tribune, le Gouvernement jaloux de connaître la vérité des faits, a d'une part demandé au Ministre de l'Intérieur un rapport sur l'état actuel du Musée, et sur la gestion de l'Administration, et de l'autre, il a nommé un Jury composé des Commissaires pour les objets d'Arts en Italie, d'Artistes connus par leurs

------

» ces Tableaux ont été altérés par l'impéritie des répa
» rateurs italiens, et qu'ils ont besoin de la main ha
» bile des Artistes français en ce genre pour paraître avec
» tout leur éclat. La France les sauvera de l'anéantisse
» ment où ils seraient tombés dans moins de vingt ans,
» et c'est un service important que les Arts recevront
» de l'Administration du Musée. »

talens , et de restaurateurs de tableaux pour exa-
miner l'état de ceux qui ont été récemment res-
taurés , et en dresser procès-verbal. Ces deux
pièces entièrement à la décharge de l'Administration, ont été distribuées aux deux Conseils, aux
Autorités constituées et aux Ministres étrangers,
et elles suffisent aux yeux de tout homme impar-
tial pour laver l'Administration de toutes les in-
culpations dirigées contre-elle ; mais il manquait
à son entière justification de pouvoir mettre
le Public à portée de juger par lui-même ; en lui
soumettant ces tableaux , c'est la meilleure réponse
que l'Administration put faire à ses calomniateurs :
elle se flatte qu'elle sera péremptoire.

Aux Tableaux recueillis en Italie, l'Administration a été dans la nécessité , pour compléter
le cordon inférieur des petits tableaux , d'ajouter
quelques Tableaux de l'Ecole italienne, récemment
tirés du Musée de Versailles , qui désormais va
être le Musée spécial de l'Ecole française. Ces
Tableaux , qui n'étaient guères connus que des

Artistes, auront, pour la majeure partie du public,
le mérite de la nouveauté.

Quant à la Notice, elle est faite avec tout
le soin qu'a permis la briéveté du tems qu'on a
eu pour la rédiger. Celle des Tableaux tirés de
Versailles a été puisée en grande partie dans le
Catalogue des Tableaux du Roi, par l'Epicier,
en le rectifiant néanmoins toutes les fois que ses
mesures ou descriptions se sont trouvées fautives.
A l'égard des Tableaux venus de l'Italie, leur
explication est entièrement neuve, elle a été
puisée, ainsi que les notices historiques qui y
sont jointes, dans les Auteurs originaux, tels que
Vasari, Bellori, Malvasia, Lomazzo, Passeri,
Baldinucci, etc.

Les Tableaux qui composent la présente exposition étant tous de l'Ecole italienne, on s'est
contenté de les ranger par maîtres, et les maîtres par
l'ordre alphabétique de leurs noms. A la suite du nom
du maître ( qui est répété au haut de la page pour en

faciliter la recherche ) est l'année de sa naissance et de sa mort, avec une courte notice sur ses études ; ensuite vient l'explication de ses Tableaux rangés, autant que possible, par ordre chronologique, et indiqués chacun par un numéro qui correspond à celui placé sur le Tableau même.

A cette explication est jointe une note en plus petit caractère, qui contient ce qu'il a été possible de recueillir sur l'historique du Tableau, savoir : sa forme et ses dimensions, s'il est sur bois ou sur toile, la proportion des figures, de quelle ville, de quelle église, et même de quelle chapelle il provient, en quelle année et à quelle époque de la vie du maître il a été peint, pour qui il a été fait, combien il a été payé, les déplacemens qu'il a éprouvés, s'il a été gravé, et par qui, etc., etc. Enfin, toutes les notices historiques qui peuvent intéresser la curiosité des amateurs, et mettre le public en état de porter un jugement éclairé.

Nota. L'Administration n'ayant pu, à cause du volume

et de la multiplicité des Tableaux, les placer tous à la hauteur et au point de vue qui leur seraient convenables, se propose de les changer de place dans le cours de l'exposition, afin de faire jouir le public successivement de la vue de tous.

# EXPLICATION

## DES

## TABLEAUX.

---

**ALBANE** (Francesco Albani, dit l') né à Bologne en 1578, mort en 1660. Eleve de Denis Calvart, des Carraches et du Guide.

1. *La Naissance de la Vierge.*

Sur le devant et au milieu du Tableau, une femme assise près du feu, tient sur ses genoux l'enfant nouveau-né qu'elle vient de laver : une seconde, à genoux, le caresse, tandis que deux autres s'occupent à chauffer les langes qui lui sont destinés. Dans le fond, et sur un plan plus élevé, on aperçoit Sainte Anne dans son lit, et près d'elle Saint Joachim rendant grâces au ciel. Le haut de la com-

A

position présente un grouppe d'anges occupés à brûler des parfums.

Ce Tableau, peint sur toile et ceintré par le haut, a 10 p. 2 pouces de hauteur sur 5 p. 5 pouces de largeur. Les Figures sont de grandeur naturelle. Il provient de Bologne et décorait l'autel de l'oratoire de la Madona del Piombo. Il est du meilleur style du maître, et du tems où une noble émulation l'ayant mis en concurrence avec le Guide, qui avait été son premier maître, il cherchait à balancer ses succès. Le Guide ayant peint des figures de Sibylles aux deux côtés de cet autel, l'Albane voulut à toute force leur opposer ce Tableau, et malgré la modicité du prix il l'étudia et le finit avec tant de soin, que cette fois la victoire lui resta, les connaisseurs ayant trouvé qu'en tous points il avait surpassé son rival. Cette composition a été très-bien gravée par P. Santé Bartoli.

## 2. Diane et Actéon.

Diane surprise au bain par Actéon, le punit en le changeant en cerf : la Déesse montre à ses Nymphes le bois qui déjà croît sur sa tête. Deux d'entre elles s'empressent à la dérober aux regards du téméraire en la couvrant d'un plus petit voile ; et les autres que l'effroi a saisies, cherchent en désordre leurs vêtemens.

Ce Tableau, peint sur cuivre, vient de Versailles. Il a 1 p. 6 pouces 6 l. de hauteur, sur 1 p. 10 pouces 6 l. de largeur. Les Figures ont 11 o. de proportion.

### 3. *Apollon chez Admète.*

Jupiter ayant foudroyé Esculape, fils d'Apollon, ce Dieu ne pouvant se venger sur Jupiter, fit tomber sa colere sur les Cyclopes qui avaient forgé les foudres, et les tua à coups de flèches; mais chassé du ciel pour ce méfait, il fut contraint de garder les troupeaux d'Admète, roi de Thessalie, jusqu'à ce que Jupiter, touché de ses peines, lui permit enfin de reprendre sa place dans l'Olympe. C'est le sujet du Tableau : dans le haut, Jupiter, au milieu de l'assemblée des Dieux, envoye du haut des cieux Mercure annoncer à Apollon la fin de son exil. Sur le second plan on voit, à gauche, les troupeaux d'Admète, et à droite les Muses aux sources de l'Hypocrène, et Pégase au sommet du Parnasse.

Ce Tableau, peint sur cuivre, a 2 p. 8 pouces de hauteur, sur 3 p. 1 pouces de largeur. Les Figures ont un pied de proportion. Il provient de Versailles.

### 4. *Le Triomphe de Cybèle.*

Cybèle assise sur son trône et couronnée de tours, invite Apollon,

que l'on voit au milieu de sa car-
rière, à donner à la Nature cette cha-
leur vivifiante qui anime et mûrit ses
productions : autour de Cybèle sont
rangées, sous les figures de Flore,
Cérès, Bacchus et Pomone, les Saisons qui fournissent des fruits à la
terre, et font en même tems l'agré-
ment de l'année.

Ce Tableau, peint sur cuivre, a 2. p. 8 pouces
sur 3 p. 1. pouc. de large. Les Figures ont 1 p.
de proportion. Il vient de Versailles.

### 5. *La Sainte Famille.*

L'enfant Jésus embrasse avec affection le petit Saint Jean, que la Vierge
et Sainte Elisabeth lui présentent ;
Saint Joseph paraît méditer sur cette
union du Messie et du Précurseur ;
deux Anges placés derrière la Vierge,
contemplent religieusement ce spectacle, et deux autres, dans les
airs, répandent des fleurs.

Ce Tableau, peint sur cuivre, a de hauteur 1 p. 9 pouces, sur 1 p. 3 pouces 6 l. de
largeur. Les Figures ont 10 pouces de proportion. Il vient de Versailles.

### 6. *Le Repos en Egypte.*

Au bord d'un fleuve qui arrose une
campagne délicieuse, la Vierge assise

se repose des fatigues du voyage ;
elle tient l'enfant Jésus auquel deux
Anges agenouillés présentent des
fruits mêlés de fleurs : un troisième
s'efforce de ployer une branche d'o-
ranger pour donner à la Vierge la
facilité d'y cueillir un fruit, tandis
que d'autres, à l'aide de leurs ailes,
vont cueillir des dattes, ou apporter
des fleurs. Sur le second plan on
voit Saint Joseph abreuvant sa monture aux eaux du fleuve.

Ce Tableau, peint sur cuivre, a 2 p. 2 pouces
de hauteur, sur 2 p. 10 pouces de largeur. Il
vient de Versailles.

### 7. *L'Annonciation de la Vierge.*

La Vierge à genoux sur un prie-
Dieu, reçoit avec surprise et humilité
la salutation de l'Ange Gabriel qui,
porté sur un nuage, lui apparaît
tenant un lys. Le Saint Esprit, sous
la figure d'une colombe, paraît dans
le haut de la composition, trois
Anges sont au-dessous : le respect
dont ils sont pénétrés fait sentir la
grandeur du Mystère.

Ce Tableau, peint sur toile, a de hauteur 1 p.
8 pouces 6 l., sur 1 p. 3 pou. 6 l. de largeur.
Les Figures ont 1 p. de proportion. Il vient
de Versailles.

**8.** *L'Annonciation de la Vierge.*

C'est la répétition en petit de la composition décrite en l'article précédent.

**9.** *J.-C. apparaissant à la Madeleine.*

J.-C. debout et tenant une bêche, paraît s'éloigner de la Madeleine qui est à genoux et avance la main pour le toucher. Le mouvement du Sauveur paraît indiquer ces paroles de l'Evangile : *ne me touchez pas, car je ne suis pas encore monté vers mon père.* Dans l'éloignement on aperçoit deux Anges assis sur le sépulchre.

Ces deux Tableaux, qui font pendans, viennent de Versailles. Ils sont peints sur cuivre, et ont 7 pouces de haut sur 5 pouces de large. Les Figures ont 5 pouces de proportion.

———————

**BELLIN** ( Giovanni Bellini, dit Jean ) *né à Venise en* 1422, *mort en* 1512.

Il fut Disciple de Gentil Bellin, son frère aîné, qu'il surpassa de beaucoup. Il est regardé, avec raison, comme l'un des fondateurs de l'Ecole de Venise, ayant été le Maître du Giorgion et du Titien. Son nom est célèbre encore dans les fastes de la Peinture, pour avoir fait présent à ses contemporains de la pratique de peindre à l'huile, ignorée jusqu'alors, et qu'il avait tirée par adresse d'Antoine de Messine, qui lui-même l'avait apprise de Jean de Bruges.

10. *Le Portrait de Jean Bellin, peint par lui-même; avec celui de Gentil Bellin, son frère.*

Le Portrait à gauche est celui de Jean Bellin; il est vu de trois-quarts, coiffé d'une toque noire, suivant l'usage du tems, avec une fourrure d'hermine noire et blanche sur l'épaule. A droite est son frère aîné, et son maître Gentil Bellin vu presque de face, avec une fourrure de couleur brune.

Ce Tableau, peint sur toile, a 16 pouces de hauteur, sur 23 pouces de largeur. Il vient de Versailles.

---

# CARRACHE ( Annibal ) *né à Bologne en 1560, mort à Rome en 1609.*

Il était frère cadet d'Augustin Carrache, et comme lui élève de Louis Carrache son cousin.

11. *La Mère de pitié, ou le Christ mort entre les bras de la Vierge.*

Au milieu le corps du Christ dé-

A 4

pouillé de son linceul, est appuyé
sur la base du sépulchre ; sa mère
assise essaye de le soutenir entre ses
bras, mais cédant à sa douleur, elle
tombe évanouie sur le sépulchre :
Saint Jean s'empresse à la secourir,
ainsi que deux Anges qui la sou-
tiennent par derrière. Au-dessous
de Saint Jean, on voit la Madeleine
exprimant son affliction par ses
larmes ; et de l'autre côté, Saint
François à genoux, accompagné de
Sainte Claire, semble, en montrant
le Christ, inviter les spectateurs à
méditer sur ce douloureux Mystère.
Une Gloire d'Anges occupe le haut
du Tableau.

Ce Tableau, peint sur toile, a de hauteur
11 p, 5 po., sur 7 p. 6 po. de largeur. Les
Figures sont de grandeur naturelle. Il vient
de l'église des Capucins de Parme, dont il
décorait le maître-autel. C'est une des pré-
mices du talent d'Annibal, et l'un des
principaux ouvrages qu'il ait fait à Parme
pour s'y soutenir lorsqu'il y étudiait les ouvrages du Corrège, dont la manière se reconnaît en effet dans toute cette composition.
Frédéric Zuccheri, tout plein qu'il était de
son propre mérite et de ses succès, passant
alors à Parme, n'hésita point à prédire
« qu'un jour son auteur tiendrait le premier
» rang dans la Peinture, et laisserait tous
» ses rivaux derrière lui. »

**12.** *Saint Luc et la Vierge.*

Saint Luc à genoux implore la Vierge qui lui apparaît dans sa gloire, tenant l'enfant Jésus et entourée des autres Evangélistes : à ses pieds sont des pinceaux, une palette et autres attributs de l'art qu'il exerçait ; et à droite on voit Sainte Catherine le pied sur la roue instrument de son supplice, et appuyée sur un stylobate sur lequel le peintre a écrit son nom en cette sorte :

ANNIBAL CARACTIUS F. M.D.XCII.

Ce Tableau, peint sur toile et ceintré par le haut, a de hauteur 11 p. 10 pouc., sur 6 p. 7 pouces de largeur. Les Figures sont un peu plus fortes que nature. Il provient de Modène. Annibal le peignit pour la chapelle des Notaires, dans la cathédrale de Reggio. Il fait époque dans la vie du Maître ; jaloux de la réputation que son frère Augustin venait d'acquérir par les peintures du palais Magnani à Bologne, et piqué d'une nouvelle émulation, Annibal résolut de changer de manière, et renonçant au style trop facile qu'il avait suivi jusqu'alors, il en embrassa un plus grand, plus correct et plus châtié, et le *Saint Luc* fut un des premiers fruits de ce changement.

**13.** *La Résurrection de Jésus-Christ.* (*)

Jésus-Christ au milieu d'une

---

(*) Ce Tableau étant à rentoiler, n'a pu être placé ; il ne paraîtra que dans le courant de l'exposition.

A 5

Gloire d'Anges, soit radieux du Tombeau ; aux secousses de la terre ébranlée, la terreur s'empare des soldats qui le gardent : l'un fuit emportant le drapeau, l'autre exprime sa fureur en mettant la main sur la garde de son épée ; deux autres, sur le devant, sont renversés à demi morts de frayeur ; un cinquième enfin, resté couché et profondément endormi sur le sépulchre même, dont les scellés sont encore intacts, fait voir la puissance de Dieu, et l'inutilité des précautions des hommes contre sa volonté.

Ce Tableau, peint sur toile et ceintré par le haut, a de hauteur 6 p. 7 pouces, sur 4 p. 10 pouces de largeur. Les Figures sont demi-nature. Il vient de Bologne, où il se voyait dans l'église du *Corpus Domini*, à l'autel de la chapelle Angelelli. Annibal peignit ce Tableau pour les Luchini, riches marchands, qui le récompensèrent assez mal, ne lui ayant donné en paiement qu'*une somme de grains et une de vin*, ainsi le voulait la parcimonie d'alors, le Guide n'étant pas encore venu donner à l'art et à ses productions le prix et la considération qu'ils méritent. Ce Tableau est, ainsi que le précédent, un de ceux qu'Annibal fit avant d'aller à Rome, au moment même où abandonnant sa première manière, il s'en fit une plus correcte, plus châtiée et plus finie ; et l'on doit croire que l'auteur lui-même le regardait comme un des meilleurs ouvrages sortis de ses mains, puisqu'il est du très-petit nombre de ceux auxquels il ait ap-

posé son nom, qui est écrit sur le Sépulchre
en cette sorte :

ANNIBAL CARACTIUS PINGEBAT
M.DXCIII.

### 14. La Résurrection de Jesus-Christ.

C'est à quelques legers changemens près, la répétition en petit, de celui qu'Annibal Carrache avait peint pour l'église du *Corpus Domini*, à Bologne, et qui est exposé sous le N°. 13, où l'on peut en voir la description.

Ce Tableau provient de Versailles. Il est peint sur cuivre : sa hauteur est de 14 pouces 6 l., sur 11 pouces de largeur. Les Figures ont 4 à 5 pouces de proportion.

### 15. Le Sommeil de Jésus,

Vulgairement appelé *Le Silence du Carrache.*

La Vierge debout tient l'enfant Jésus endormi ; il est nud, couché sur une table couverte d'un linge, et le corps appuyé sur un oreiller blanc. Le petit Saint Jean avance la main comme pour l'éveiller, et la Vierge lui fait signe de ne pas troubler le sommeil de son fils ; elle semble lui adresser ces paroles du Cantique des Cantiques, *ne sus itces,*

A 6

*neque evigilare facias dilectum meum.*

Ce Tableau, peint sur toile, a de hauteur 14 pou., sur 16 pou. 6 l. de largeur. Les demi-Figures ont 2 p. de proportion. Il vient de Versailles. Poilly et plusieurs autres l'ont gravé.

**16.** *La Nativité de Jésus-Christ.*

Le grouppe principal est composé de la Vierge avec l'enfant Jésus, de deux Anges et d'un Pasteur à genoux : derrière ce grouppe, deux autres Pasteurs paraissent à la fenêtre de l'étable avec une lanterne, et Saint Joseph ouvre la porte à une troupe de Bergers qu'un jeune homme semble lui annoncer, et qui n'est éclairée que par la lueur d'un flambeau, tandis que le reste du Tableau reçoit sa lumière de l'enfant couché dans la crêche. Dans le haut un chœur d'Anges chante le *Gloria in excelsis.*

Ce Tableau vient de Versailles ; il est peint sur cuivre : sa hauteur est de 15 pouces, sur 23 de largeur. Les Figures ont 10 pouces environ de proportion.

**17.** *Jésus-Christ mis au tombeau.*

La Vierge, pénétrée de la plus

vive douleur, soutient avec la Madeleine et l'un des disciples, le corps du Sauveur qu'ils vont mettre au tombeau. Sur le second plan on voit Joseph d'Arimathie, et à côté de lui Saint Jean qui, regardant le ciel, paraît livré à la plus profonde méditation. Le fond représente un paysage.

Ce Tableau vient de Versailles; il est peint sur cuivre, et a 16 po. de hauteur, sur 11 po. 6 lignes de largeur. Les Figures ont de 10 à 11 po. de proportion.

18. *Le Sacrifice d'Abraham.*

Sur le haut d'une montagne située dans un beau paysage, Abraham, soumis à la volonté du Seigneur, est prêt à lui sacrifier son fils Isaac; mais au moment de l'immoler un Ange lui arrête le bras. Acôté du bûcher on voit un belier embarassé dans un buisson, et au bas de la montagne sont assis les serviteurs d'Abraham qui attendent le retour de leur maître.

19. *La mort d'Absalon.*

Absalon ayant été défait par David dans la forêt d'Ephraïm, prend la fuite monté sur sa mule, et en passant sous un chêne fort touffu, sa chevelure s'embarrasse dans les branches, et il demeure suspendu entre ciel et terre. Malgré la défense de David qui avait recommandé d'épargner son fils, le cruel Joab, armé d'une lance, arrive à toute bride et perce ce prince infortuné.

*Ces deux Tableaux, qui font pendans, viennent de Versailles; ils sont peints sur cuivre, et ont chacun 1 p. 4 o. de hauteur, sur 1 p. de largeur.*

### 20. *Saint Jean prêchant dans le Désert.*

Saint Jean assis sur un rocher à l'entrée d'une caverne, invite les Israélites à la pénitence. Parmi les spectateurs, les uns paraissent l'écouter avec respect, les autres avec des signes d'éloignement et de mépris. A la gauche du tableau on voit, sur le bord du Jourdain, un grand arbre, et plus loin deux hommes qui en passent un autre dans un bateau.

*Ce Tableau vient de Versailles; il est peint sur toile : sa hauteur est de 14 pouces, sa largeur de 19 pouces. Les Figures ont 3 à 4 pouces de proportion.*

*Le cardinal Mazarin le fit acheter à Rome chez le Marquis Sannesi.*

21. *Concert sur l'eau.*

On voit sur le premier plan un bateau conduit par deux hommes et rempli de musiciens; à la gauche du tableau est un grand arbre avec des fabriques, et sur le second plan un pont à travers lequel on aperçoit un fonds de paysage.

Ce Tableau, peint sur toile et collé sur bois, a de hauteur 14 pouces, sur 18 pouces 6 l. de largeur. Les Figures ont 2 à 3 o. de proportion. Il provient de Versailles.

22. *Le Martyre de Saint Etienne.*

Le Peintre a pris le moment où Saint Etienne à genoux, parait s'écrier en levant les mains au ciel: *Je vois les cieux ouverts et le fils de l'homme assis à la droite de Dieu.* La haine des Juifs, excitée par ces paroles, est exprimée avec force; tandis qu'un soldat et trois hommes lapident le Saint, un autre accourt dans le même dessein, suivi d'un enfant qui porte des pierres dans le pan de sa robe. Saul assis auprès d'une tour, garde les vêtemens; le fond représente les murs de la ville avec un paysage.

Ce Tableau, peint sur toile, a de hauteur 18 pouces 6 l., sur 24 pouces 6 l. de large, les Figures ont 4 à 5 o. de proportion; il vient de Versailles; il a été gravé par Baudet, en 1677.

### 23. *Le Martyre de Saint Etienne.*

Le sujet de ce Tableau est le même qu'au précédent, mais la composition est différente. Saint Etienne, environné de ses persécuteurs, est tout occupé de son sacrifice et regarde le ciel dans le moment qu'un jeune homme est prêt à le frapper d'une pierre énorme; les autres ramassent des pierres ou en jettent avec toute la fureur dont le faux zèle est capable. Sur la droite du spectateur on voit auprès d'un arbre un spectateur debout, coiffé d'un turban, et du côté opposé, Saul assis gardant les habits de ceux qui lapident.

Ce Tableau, qui vient de Versailles, fut apporté de Rome par le Marquis de Rambouillet, et ensuite donné au roi par le duc de Montausier: il est peint sur cuivre; sa hauteur est de 14 pouces sur 19 de largeur. Les Figures ont 4 à 5 po. de proportion. Il a été gravé par Chateau.

# CARRACHE ( Augustin ) né à Bologne en 1557, mort à Parme en 1602.

Il était frère aîné d'Annibal et cousin de Louis dont il fut le disciple ; il avait appris les premiers élémens du dessin sous Prospero Fontana.

24. *Sainte Cécile et Sainte Marguerite.*

Au milieu la Vierge assise tient sur ses genoux l'enfant Jésus auquel elle présente le sein ; à ses pieds est le petit Saint Jean. Sur le devant on voit, à gauche, Sainte Marguerite à genoux, les mains croisées sur sa poitrine, avec Saint Augustin debout derrière elle, et à droite Sainte Cécile tenant la palme de son martyre.

Ce Tableau, peint sur toile, a de hauteur 4 p. 8 pouces 5 l., sur 3 p. 8 pouces 9 l. de largeur. Les Figures sont d mi-nature. Il vient de Parme où il se voyait dans l'église des Religieuses de S. Paolo. L'inscription

HOC MONIALIS PIETAS. 1586,

qui se lit au bas du Tableau, fait voir qu'il doit se rapporter à l'époque où après des ouvrages du Corrège, Augustin séjournait à Parme, avec son frère Annibal, pour les y étudier ; on y retrouve en effet la manière de ce grand Maître, unie à celle du Parmesan et assaisonnée ( comme dit Ruta) de celle des Carraches.

25. *L'Assomption de la Vierge.*

La Vierge sort glorieuse du tombeau, et, portée sur des nuages par un grouppe d'Anges et de Chérubins, s'élève vers le séjour céleste, vers lequel elle étend les bras et dirige ses regards. Les Apôtres, restés en bas, expriment par des attitudes diverses, leur étonnement et leur admiration : les uns observent avec surprise les fleurs que la Vierge a laissées dans son sépulchre ; les autres, parmi lesquels on distingue Saint Pierre et Saint Paul, la suivent des yeux dans la gloire.

Ce Tableau, peint sur toile et cintré par le haut, a de hauteur 10 p. 9 pouces, sur 6 p. 5 pou. de largeur, les Figures sont de grandeur naturelle ; il vient de l'église *San Salvatore* à Bologne, où il décorait l'autel de la chapelle Zaniboni. On ne sait rien de précis sur la date, il est certain seulement qu'il a été fait après le voyage qu'Augustin fit à Venise, et avant qu'il allât à Rome avec son frère Annibal. Il a été gravé par G. M. Mitelli.

26. *La Communion de Saint Jérôme.*

La scène se passe dans l'église de Bethléem, bâtie par Saint Jérôme, au-dessus de la grotte où nacquit

J. C. A droite du Tableau, le saint vieillard, exténué par l'âge, les macerations et la maladie, est à genoux entouré de ses religieux : aidé par eux, il fait un dernier effort pour se soutenir, et les yeux fixés sur le viatique, les mains croisées sur sa poitrine, il exprime avec ferveur les derniers sentimens de son amour pour le Sauveur qu'il est prêt à recevoir. A gauche, le prêtre debout, en habits sacerdotaux, et accompagné de deux acolytes à genoux, dont l'un porte une torche et l'autre le Crucifix, tient l'hostie, et s'incline vers le Saint pour la lui donner. Les autres religieux assistans paraissent pénétrés à-la-fois de dévotion pour le Sacrement, de vénération pour leur patriarche agonisant ; ils prêtent la plus grande attention à ses dernières paroles, que l'un d'eux est occupé à recueillir par écrit. Celui des spectateurs qui est coiffé d'un turban, indique que l'action se passe en Orient. Enfin à côté du Saint, le vieux lion, son constant et fidelle compagnon,

semble lui donner les dernières caresses en lui léchant les pieds et le
réchauffant de son haleine.

Ce Tableau, peint sur toile, a de hauteur 11
p. 6 pouces, sur 6 p. 10 pouces de largeur,
les Figures sont plus fortes que nature; il
provient de l'église des Chartreux de Bologne. C'est pour la composition, le dessin
et l'expression, le plus capital des ouvrages
d'Augustin Carrache, et lui-même en était
satisfait puisqu'il l'a signé en cette sorte :
AGO. CAR. FE. Il concourut, pour ce
Tableau, avec son frère Annibal, et son
dessin ayant été préféré, il le peignit pour
la modique somme de 50 écus (260 livres
environ). Il est difficile d'assigner sa date
précise, il est certain seulement qu'il le fit
après son retour de Venise et avant d'aller
à Rome. Il a longtems servi d'étude aux
élèves des Carraches, et le Dominiquin,
entr'autres, était tellement pénétré de cette
composition, que longtems après, lorsqu'il
eut à traiter le même sujet pour l'église de
St-Jérôme de la Charité, à Rome, il ne
put s'empêcher d'y retomber. On sait quel
bruit ses rivaux firent alors de ce prétendu
plagiat, et que Lanfranc poussa l'animosité
jusques à faire graver par Perier la composition d'Augustin, pour mieux divulguer ce
qu'il appelait *le larcin* du Dominiquin. Les
curieux n'ont pu jusques à présent juger la
question que par les gravures ; mais inces-
samment et lorsque le Tableau du Dominiquin, actuellement en route, sera arrivé,
ils pourront comparer les Tableaux mêmes,
et le rapprochement de ces deux célèbres
morceaux, ne sera pas le fruit le moins pi-
quant de nos victoires en Italie.

# CARRACHE ( Louis ) né à Bologne en 1555, mort en 1619.

C'est le véritable chef de la célèbre école de Bologne, de laquelle sont sortis Augustin et Annibal Carrache ses cousins, le Guide, le Dominiquin, l'Albane, le Guerchin, et tant d'autres habiles maîtres : Louis avait fait ses premières études sous Propero Fontana.

**27.** *La Vierge, Saint François et Saint Joseph.*

Saint François à genoux invoque la Vierge qui lui apparaît ; l'enfant Jésus qu'elle tient dans ses bras, fait un mouvement comme pour se jeter dans ceux du Saint en oraison. A droite est Saint Joseph assis, et derrière lui deux Anges qui s'entretiennent ensemble. Sur le devant on voit les portraits à mi-corps du donataire et de sa femme.

Ce Tableau peint sur toile a 7 p. de haut sur 5 p. 2 pouces de large, les figures ont 5 p. environ de proportion ; il vient de l'église des Capucins de Cento. Ce morceau est curieux en ce qu'il a beaucoup servi à former le Guerchin, lorsque, jeune encore, et privé de toute autre ressource, il étudiait dans sa patrie les premiers élémens de l'art. Avait-il un tableau à faire ? Il transportait aux Capucins toile et chevalet, et là, inspiré par la vue de celui de L. Carrache, il cherchait à en faire passer dans le sien le style et la manière. Long-tems après, devenu maitre, il se plaisait à confesser le fruit qu'il avait retiré de l'étude de ce tableau, qu'il appelait *la sua cara Zinna*, sa chère *Nourrice*, par allusion au premier lait qu'il en avait tiré. On peut voir la première pensée de cette composition, avec de notables changemens, dans un dessin original de L. Carrache, qui est exposé dans la galerie d'Apollon, sous le n°. 36.

## 28. *Saint Hyacinthe à qui la Vierge apparaît.*

Saint Hyacinthe, de l'ordre de Saint Dominique, étant en oraison pour se préparer à célébrer le sacrifice de la messe, la Vierge, au milieu d'une Gloire d'Anges, lui apparaît avec l'enfant Jésus, et lui adresse ces paroles qui se lisent en latin sur une table, au bas de l'autel : *réjouis-toi, mon fils Hyacinthe, tes prières sont agréables à mon fils, et tout ce que tu lui demanderas par moi te sera accordé.*

Ce Tableau, peint sur toile, a de hauteur 11 p. 6 pouces sur 6 p. 10 pouces de largeur, les Figures sont plus fortes que nature il vient de l'église de S. *Domenico* de Bologne, où il décorait la chapelle des Tursini, pour lesquels Louis Carrache le fit en 1594, au prix modique de 50 écus (250 liv. environ.) Ceux qui ont reproché à Louis Carrache de ne pas savoir faire les Figures agenouillées, ont cru remarquer ce défaut particulièrement dans ce tableau ; quoiqu'il en soit, c'est au jugement de Meuga, l'un des plus grandioses qui soient sortis de son pinceau. Les mains du Saint ont été en grande reputation. L. Carrache s'etait donné la peine d'en faire le modele en terre, et les plâtres s'en voient encore dans les ateliers de Bologne. Ce morceau a été gravé par Augustin Carrache.

29. *La Vocation de Saint Mathieu.*

Saint Mathieu, Apôtre et premier Evangéliste, était Juif de Religion et Publicain de profession : il tenait un bureau d'impôts hors la porte de la ville de Capharnaum, et il y était assis lorsque J.-C. l'apercevant, lui dit : *suivez-moi,* et aussitôt Mathieu se lève, quitte tout, et le suit. Vers le milieu on voit, en plan coupé, deux figures qui paraissent être les portraits des Syndics de la confrérie des Charcutiers pour qui le Tableau a été fait.

Ce Tableau, peint sur toile, a de hauteur 13 p. 10 o. sur 8 p. 3 o. de largeur, les Figures ont 8 pieds de proportion ; il vient de l'église des *Mendicanti* de Bologne, où il figurait avantageusement parmi les chefs-d'œuvres qui la décoraient. Malvasia prétend que le Dominiquin s'est beaucoup servi de cette composition pour la vocation de St.-André, qu'il a peinte à fresque dans le rond peint de l'église de Saint André *della valle* à Rome. Une première pensée de ce tableau, légèrement dessinée à la plume par L. Carrache, existe parmi les dessins de la collection nationale, elle

provient de Mariette, qui par erreur l'avait
attribuée à Annibal.

### 30. *La Translation du corps de la Vierge.*

Le corps de la Vierge, revêtu
d'un linceul, est étendu sur un
brancard que portent sur leurs épaules
quatre des Apôtres, tandis que les
autres poftant des chandeliers et des
torches, forment le cortége, et
accompagnent à la sépulture la mère
de leur divin maître, en témoignant
par leurs larmes, la douleur qu'ils
éprouvent de sa perte. Dans le haut
un grouppe d'Anges avec des cas-
solettes et des encensoirs, parfume
l'air, et semble diriger la marche.

### 31. *Les Apôtres au Sépulchre de la Vierge.*

La Vierge vient de monter au
ciel : un rayon de la gloire céleste
qu'on aperçoit au haut du Tableau,
indique encore sa trace lumineuse ;
les Apôtres, saisis d'étonnement,
accourent à son sépulchre : l'un
s'empresse à le découvrir, l'autre
saisit avec respect le linceul qui
l'enveloppait ; tous témoignent leur

extrême

extrême surprise de ne plus trouver que des fleurs au lieu qu'elle occupait.

Ces deux Tableaux qui sont pendans sont peints sur toile, ils ont chacun 20 p. 6 pouces de hauteur sur 10 p. 7 pouces de largeur, les Figures ont 11 p. de proportion ; ils viennent de Plaisance, où ils se voyaient dans la Cathédrale, au deux côtés du sanctuaire. L. Carrache les peignit vers l'année 1608 ; à la grandeur de ces compositions, et à la vigueur avec laquelle elles sont exécutées, on ne soupçonnerait pas que l'auteur était déjà avancé en âge.

### 32. *L'Annonciation de la Vierge.*

La Vierge à genoux reçoit avec soumission la salutation de l'Ange, qui est vu par le dos. Il tient un lys de la main droite, et de la gauche il montre le ciel ; un concert d'Anges occupe le haut Tableau.

Ce Tableau provient de Versailles, il est peint sur toile, sa hauteur est d'un p. 6 pouces sur 1 p. de largeur, les Figures ont 5 à 6 pouces de proportion.

### 33. *La Vierge et l'enfant Jésus.*

La Vierge a la main droite appuyée sur un livre, et de la gauche elle soutient l'enfant Jésus qui est debout sur ses genoux.

Ce Tableau, peint sur bois, est de forme ronde, il a 2 p. 10 pouces de diamètre, la

demi-figure est de grandeur naturelle ; il vient
de Versailles, le Roi l'avait acquis à l'inventaire du Prince de Carignan.

### 34. *Saint Bernardin de Sienne délivrant la ville de Carpi.*

L'ennemi marchait sur la ville de
Carpi, Saint Bernardin de Sienne,
de l'ordre de St. François, se présente aux chefs de la troupe, et
feignant de leur indiquer le chemin
de la ville, les en détourne et la
sauve ainsi miraculeusement de leur
fureur. La Vierge environnée d'une
Gloire d'Anges, occupe le haut du
Tableau.

Ce Tableau, peint sur toile, a de hauteur
10 p. 6 pou. sur 6 p. 11 pou., les Figures
sont de grandeur naturelle ; il provient de
la galerie de Modène. Une première pensée
de cette composition, avec des chang'mens,
et dessinée à la sanguine et à la plume,
existe parmi les dessins de la collection nationale.

---

## LES CARRACHES.

Les quatre Elémens, par les trois
Carraches, savoir :

### 35. *La Terre, par Louis Carrache.*

Flore, assise sur des mages, tient
de la main gauche une couronne

de laurier : un voile blanc lui couvre
partie du sein, et une draperie jaune
et pourpre le reste du corps ; de la
droite elle tient par ses ailes de
papillon le jeune Zéphyre dont la
tête est ceinte d'une couronne de
fleurs.

36. *L'Eau, par Louis Carrache.*

Galathée, ses cheveux blonds
retroussés sur le front, et couverte
en partie d'une draperie rouge, est
assise sur une coquille en guise de
char, et tient dans ses mains les
rênes de deux Dauphins qui la font
voguer légérement sur la surface
des eaux.

37. *Le Feu, par Augustin Carrache.*

Le redoutable Dieu des Enfers,
Pluton, la tête ceinte d'une couronne de fer, le menton hérissé
d'une barbe noire et touffue, est assis
sur un épais nuage de fumée qui, mê-
lé d'étincelles, s'échappe du Ténare :
il s'appuye sur l'inexorable Cerbere
aux trois gueules, et dans sa main
est son sceptre de fer et la clef des
*portes de la vie,* qui sont fermées

pour toujours à ceux qui une fois sont entrés dans son ténébreux Empire.

### 38. *L'Air, par Annibal Carrache.*

Vénus, la mère des Grâces et des Amours, est représentée nue et portée sur des nuages, une couronne de lys et de roses orne sa blonde chevelure ; elle a dans sa main droite la pomme, prix de sa beauté, et de la gauche elle soulève sa ceinture : ses regards sont complaisamment tournés vers son fils qui, assis à ses côtés, s'appuye d'une main sur l'épaule de sa mère, et de l'autre tient l'arc fatal, tandis que deux colombes, ses oiseaux favoris, roucoulent à ses pieds.

Les quatre Tableaux de forme ovale, ci-dessus décrits sous les n°s. 35, 36, 37 et 38, sont peints sur toile, et ont de hauteur 3 p. 4 pouces 6 l. sur 4 p. 1 pouces de largeur, les Figures, vues en raccourci, sont de grandeur naturelle ; ils viennent en dernier lieu de la galerie du palais Ducal de Modène, et dans l'origine ils avaient été faits pour les compartimens du plafond de la grande salle du même palais Ducal. Tous les quatre avaient été ordonnés à L. Carrache, mais suivant sa louable coutume, il voulut partager cet ouvrage avec ses cousins, Augustin et Annibal, et c'est à lui que l'amateur est redevable de pouvoir aujourd'hui, dans ces quatre tableaux de même forme, dimension et sujet, comparer d'un coup-d'œil les talens des trois Carrache, dans l'art difficile des raccourcis. Ils ont été gravés à l'eau-forte par Oliviero Dolfin. Le Comte Malvasia possédait le dessin original du *Pluton*.

---

## CAVEDONE (Jacques) *né à Sassuolo près Modène, en* 1577, *mort à Bologne en* 1660.

Après avoir passé successivement dans l'école de Passerotti et de Baldi, il s'attacha a celle des Carraches : là s'étant lié d'amitié avec le Guide ils firent ensemble le voyage de Rome, d'où il passa à Venise, et rentré dans sa patrie, il se forma une manière qui réunit quelquefois la fierté de dessin des Carraches, à la force de coloris du Titien.

39. *Saint Eloi et Saint Pétrone.*

A droite Saint Pétrone, Evêque, l'un des protecteurs de la ville de Bologne, est représenté à genoux et en prières ; un clerc agenouillé lui présente le Missel ouvert, tandis que deux autres debout derrière lui, portent sa mitre et son bâton pastoral. A gauche Saint Eloi, patron des Maréchaux, paraît aussi agenouillé et en prières ; il est en habit de travail, et à ses pieds on voit deux fers, avec le marteau, l'enclume et autres outils de sa prosession de Maréchal. Dans le haut, la Vierge majestueusement assise sur des nuages et entourée d'Anges et de Chérubins, tient l'enfant Jésus qui paraît accueillir les prières des deux Saints et leur donner sa bénédiction.

Ce Tableau qui est peint sur toile et ceintré par le haut, de hauteur 12 p. 3 pouces sur 7 p. de largeur; il vient de l'église des *Mendicanti* de Bologne, où il décorait l'autel de la chapelle de la Confrairie des Maréchaux, qui est la 4e à droite; il porte la date de 1614, et il est de la plus grande force du maître, que cet ouvrage place au rang des grands coloristes. On a prétendu que la figure de S. Pétrone a servi de modèle au Guide pour le S. Pétrone qu'il a peint au tableau du maître-autel de la même église des *Mendicanti*, les connaisseurs peuvent juger de ce prétendu plagiat, le tableau du Guide étant exposé sous le n°. 87.

---

## CORREGE (Antoine Allegri, dit le) né à Correggio près Modène, en 1494, mort en 1534, âgé de 40 ans.

On prétend qu'il étudia d'abord chez Francesco Ferrari, puis chez André Mantegne, mais cela, fût-il prouvé, ses ouvrages sont si supérieurs à ceux de ces deux Peintres, qu'il n'en serait pas moins vrai de dire que le Corrège est un de ces hommes rares qui sont les élèves de leur propre génie, et qu'il a été le créateur d'une manière qu'il n'a imitée de personne, et que personne jusqu'ici n'a pu imiter.

**40.** *La Vierge, l'enfant Jésus, la Madeleine et Saint Jérôme.*

Tableau connu sous le nom du *Saint Jérôme du Corrège.*

Au centre de la composition, la Vierge assise tient sur ses genoux l'enfant Jésus, et paraît se complaire aux hommages que viennent rendre à son fils la Madeleine et Saint Jérôme qui sont à ses côtés. La Madeleine agenouillée et la tête penchée vers l'enfant, le caresse amoureusement et se dispose à lui baiser les pieds, tandis qu'un Ange, placé derrière elle, tient préparé un vase de parfums dont il savoure d'avance la bonne odeur. Du côté opposé, Saint Jérôme debout et suivi du lion, son compagnon fidelle, remet à un Ange les volumes de ses écrits, celui ci les présente et paraît en expliquer un passage à l'enfant Jésus qui sourit à cet hommage et l'accueille affectueusement. Le fonds représente un paysage avec des ruines.

B 4

Ce Tableau, l'un des chefs-d'œuvres de la Peinture moderne, et le plus précieux sans contredit de ceux qui ont été recueillis à Parme, est peint sur bois, sa hauteur est de 6 p. 8 pouces sur 4 p. 4 pouces 6 l. de largeur ; les Figures sont de petite nature. Le Corrège le fit en 1523 ( époque à laquelle il peignait la coupole de l'église de St.-Jean ), par ordre de Briseis Colla, veuve d'Ottaviano Bergouzi, Gentilhomme parmesan, et ce, pour la modique somme de 400 livres de Parme ( 80 écus d'or environ ). Il est vrai que l'ayant terminé en six mois, à la grande satisfaction de la dame, il en reçut en présent, et par dessus le marché, *deux voitures de bois, un porc gras, et quelques mesures de froment*. Cinq ans après ( en 1528 ), la veuve Bergouzi donna ce Tableau à l'église du monastère de S. Antoine de Parme, où il est resté exposé à l'admiration publique, jusqu'en l'année 1749. A cette époque, le Roi de Portugal ayant fait offrir de ce Tableau 40,000 sequins ( 460,000 liv. ), et l'abbé des Antonins étant vivement tenté de le lui céder, la ville de Parme informée de cette négociation, recourut à l'infant don Philippe, qui le 29 Novembre 1749, fit transporter le Tableau dans une des salles de la fabrique de la Cathédra'e ; il y demeura en dépôt jusqu'en 1756, qu'un Peintre français ( le C. Jollain, actuellement membre de l'Administration du Muséum ), voulant le prendre au voile pour le copier, et en ayant été empêché par les chanoines qui le chassèrent incivilement, il s'en plaignit au Prince, qui trois jours après, fit conduire le Tableau, sous l'escorte de 24 grenadiers à sa maison de plaisance de Coloruo, où il ne fit pas un long séjour, car l'année suivante l'Infant ayant fondé un Académie des Beaux-Arts, ce chef-d'œuvre fut de nouveau rapporté à Parme, et placé dans une des salles de l'Académie dont il a fait jusqu'à ce jour le plus bel ornement.

Le Roi de Portugal n'est pas le seul qui ait eu le désir d'acquérir ce Tableau, l'Electeur de Bavière, le Roi de Prusse et d'autres souverains en ont fait, à diverses époques, des offres très - considérables : il serait trop long de les raconter, on ajoutera seulement, à la gloire de la Cour de Parme, que toutes les tentatives faites pour enlever à Parme la possession de ce trésor ont toujours été vaines, qu'il ne fallait pas moins que les étonnantes victoires de l'armée d'Italie, et la force des circonstances où s'est trouvé le Duc régnant, pour le déterminer à s'en détacher, que pour le conserver, il a offert jusqu'à *un million comptant*, et que ses instances ayant été sans effet, il a juré de ne plus remettre les pieds dans le lieu où tant de fois il avait admiré ce chef-d'œuvre.

Augustin Carrache la gravé en 1596, et Robert Strange dans ces derniers tems. Suivant le Catalogue de Lepicié, l'esquisse originale de ce Tableau existait parmi les Tableaux du Roi, elle avait été donnée à Louis XIV par le Comte de Tessin.

## 41. *Le Repos en Egypte.*

### Connu sous le nom de *la Vierge à l'écuelle.*

La Sainte-Famille, arrêtée près d'une source pour se reposer et prendre un repas frugal, est servie par les Anges. L'un s'empresse à remplir *une écuelle* avec laquelle la Vierge veut puiser de l'eau pour désaltérer son fils debout à côté d'elle : d'autres courbent officieusement les branches d'un palmier sur le quel Saint Joseph vient de cueillir des dattes qu'il présente à l'enfant Jésus : un autre enfin, qu'on aperçoit dans le lointain, est occupé à lier à un arbre la monture de la Sainte-Famille.

Ce Tableau sur bois et ceintré d'en haut, a 6 p. 9 onces de haut, sur 4 p. 3 pouces ; les Figures sont de petite nature ; il a été tiré de l'église du S. Sépulchre, à Parme, première chapelle à gauche. Il est du nombre de ceux que le Corrège a exécuté à Parme dans le tems qu'il y peignait les deux célèbres coupoles : il est probable même qu'il est un des derniers qu'il y ait fait, la bordure qui le renfermait portant la date de 1530. On a tenté à diverses époques l'acquisition de ce tableau : vers 1750, le général de Brawn en offrit 30,000 thalers ; quelques années après, le sénateur Barbiéri, de Mantoue, proposa 600,000 liv. de Parme ( 150,000 liv. ) ; et vers 1754, le Roi de Pologne alla jusqu'à la somme de 20,000 sequins ( 240,000 liv. ) Malheureusement, il a beaucoup souffert depuis par l'impéritie d'un Peintre espagnol, disciple de Mengz, D. Bernardo del Barranco, qui en 1768 ayant voulu le nétoyer, en enleva les glacis, ce qui obligea Mengz, qui passa à Parme quelque tems après, a le faire remettre en état. Le Musée possède une première pensée du grouppe de la Vierge et de l'Enfant-Jésus, dessinée à la plume et lavée au bistre, elle est exposée dans la gallerie d'Apollon sous le n°. 41.

## 42. *La Déposition de Croix.*

Le corps du Sauveur, descendu de la croix, est étendu sur un linceul et repose en partie sur les genoux de la Vierge qui, succombant à sa douleur, tombe évanouie : Saint Jean,

ému de compassion, s'empresse à
la secourir, ainsi que l'une des Saintes
Femmes, et la Madeleine fondant
en larmes aux pieds du Christ, gémit
amèrement sur la perte de son maître.
Derrière ce grouppe on voit Joseph
d'Arymathie qui descend de la croix
d'où il vient de détacher les clouds.

Pour les mesures, et notices, voyez l'article suivant.

**43.** *Le Martyre de Saint Placide et de
Sainte Flavie, sa sœur.*

Placide, fils de Tertulle, Sénateur
romain, fut mis dès l'âge de sept
ans sous la conduite de Saint Benoît,
et mérita bientôt par ses vertus d'être
le chef d'une congrégation qui s'établit à Messine en Sicile. C'est-là
qu'à la fleur de l'âge il fut martyrisé, dans une invasion qu'y firent
les Sarrazins en 538, avec Sainte
Flavie sa sœur et 30 religieux qui
composaient sa communauté. A droite
Sainte Flavie à genoux, est saisie
par un bourreau qui lui plonge son
épée dans le flanc; elle reçoit ce
coup avec une joie qui est répandue
sur toute sa figure, et les yeux fixés

au ciel elle semble déjà jouir de la
félicité éternelle, dont un Ange lui
donne l'assurance en lui apportant
une couronne et une palme mêlée
de lys. A gauche Saint Placide,
son frère, agenouillé et déjà atteint
d'un premier coup qui l'a grièvement
blessé, attend avec résignation celui
qui va le réunir à sa sœur. Le fond
est un Paysage d'un site sauvage au
milieu du quel on aperçoit les corps
de ses compagnons déjà martyrisés.

Ces deux Tableaux qui font pendant, ont chacun 4 p. 10 pouces sur 5 p. 8 pouces ; les Figures
sont de petite nature, ils sont sur toile. Voici
ce qu'en dit le célebre Mengz : « ces deux mor-
» ceaux, bien peints, d'un coloris harmonieux,
» et d'une grande expression, paraissent avoir
» été faits après la coupole de l'église de
» St.-Jean ( c'est-à-dire vers 1524 ), quoiqu'ils
» ne soient pas aussi finis, ni aussi recherchés
» que les autres ouvrages du Corrège qu'on voit
» à Parme ; néanmoins les Carraches ont tou-
» jours fait grands cas de la Déposition de Croix ;
» Annibal sur tout en ayant emprunté quelques
» idées dans les diverses Mères de pitié qu'il
» a peintes. »

On pourrait ajouter que le Dominiquin,
dans son Tableau du Martyre de Ste.-Agnès,
exposé sous le n°. 45, paraît avoir imité le
grouppe de Ste.-Flavie que le bourreau saisit
par les cheveux.

# DOMINIQUIN (Domenico Zampieri, dit le) *né à Bologne en 1581, mort à Naples en 1641.*

Il eut pour premier maître Denis Calvart, ensuite les Carraches, et acheva de se perfectionner à Rome par l'étude de l'antique et des ouvrages de Raphaël.

**44.** *La Vierge du Rosaire.*

Au centre de la partie supérieure de la composition, la Vierge tient entre ses genoux l'enfant Jésus qui répand sur les mortels des *roses*, emblêmes des grâces qu'ils peuvent obtenir par le *Rosaire*, au récit du quel les exhorte Saint Dominique, auteur de cette institution, que l'on voit placé plus bas sur la gauche. Autour de la Vierge sont trois grouppes de Génies célestes portant les symboles des divers Mystères de la Vie, de la Passion et de la Résurrection de J. - C. Ces Mystères sont au nombre de quinze, scavoir : cinq *Joyeux*, cinq *douloureux* et cinq *glorieux*. Les cinq mystères *joyeux* qui sont l'Annonciation, la Visitation, la Nativité, la Présentation, et la dispute avec les Docteurs, sont figurés par le grouppe de cinq

Génies qui est à gauche. Les cinq Génies qui se voyent à droite représentent les cinq Mystères *douloureux* scavoir, l'Oraison au jardin des Oliviers, la Flagellation, le Couronnement d'épines, le Portement de croix et le Crucifiement : enfin, les cinq mystères *glorieux*, figurés par autant de Génies, occupent le sommet du tableau : ce sont la Résurection et l'Ascension de J.-C., l'Assomption et le Couronnement de la Vierge, et la mission du Saint-Esprit.

Dans la partie inférieure, le Peintre a exprimé de quel secours est le récit du *Rosaire* dans tous les âges et les états de la vie : dans l'état d'*innocence*, par ces deux petits enfans nuds qui, sur le devant, jouent avec le chapelet : dans l'état de *virginité* par deux jeunes filles qui, plutôt que de le perdre, se montrent disposées à se laisser percer ensemble, et foulers aux pieds par un guerrier à cheval qui les poursuit la lance dans les reins : dans l'état du *Mariage*, par ces deux époux figurés par un vieillard nud, malade et languissant, étendu sur le devant du tableau, et par sa femme saisie aux cheveux par un assassin, lesquels dans leurs communs malheurs recourent à la Vierge et en obtiennent assistance. Enfin dans l'état *ecclésiastique* représenté par un souverain pontife qu'on voit à droite, agenouillé, le chapelet à la main, et suivi de solitaires et d'anachorètes.

Ce Tabl au peint sur toile et ceintré, a de hauteur 15 p. 2 pouc. sur 8 p. 11 pouc. : les Figures sont de grandeur naturelle. Il vient de l'église de St.-Jean *in Monte* à Bologne, 8e. chapelle à main droite. Mgr. Ratta, propriétaire de cette chapelle, ayant ordonné par son testament que ce Tableau serait donné au meilleur Peintre de Bologne, le choix tomba sur le Dominiquin qui l'exécuta à Bologne même, lorsque pour la seconde fois il y retourna après la mort de Grégoire XV, arrivée en 1623, il lui fut payé 500 écus ( 2500 liv. ). L'obscurité qui règne dans cette mystique composition nuisit beaucoup à son succès ; l'Albane, tout partisan qu'il était du Dominiquin, avouait qu'il n'y entendait rien ; et l'auteur lui-même interrogé quelques années après sur sa signification, ne répondit que d'une manière vague. L'explication qu'on en donne ici a paru la plus naturelle.

**45.** *Le Martyre de Sainte Agnès.*

Sainte Agnès à peine âgée de 13 ans, est martyrisée à Rome sous

Dioclétien, l'an 305. Un bourreau saississant la jeune vierge par les cheveux, lui plonge le couteau dans la gorge ; aussitôt ses genoux ploient, elle tombe à la renverse sur le bûcher qui lui est préparé, en levant les mains et les yeux vers le séjour céleste dont elle semble déjà jouir. A droite, une jeune femme agenouillée, sur le 1er. plan, recule à la vue de cet affreux spectacle, et son jeune fils poussant des cris d'éffroi, se réfugie dans son sein : deux autres femmes debout derrière elle se communiquent les sentimens divers dont elles sont affectées. De l'autre côté le Préfet de Rome, Symphorius, assis sur son tribunal et entouré de ses gardes et conseillers, paroît confondu du courage héroïque de la Sainte. Sur le devant on voit renversés et frappés de mort au pied du bûcher, deux des bourraux qui, armés de torches et de soufflets, s'apprêtaient à l'allumer. Enfin dans le haut de la composition un chœur d'Anges portés sur des nuages forment un concert d'instrumens,

et au sommet de la gloire on voit
briller le Saint-Esprit placé entre
le Père éternel et J. C. qui remet
à un Ange la couronne et la palme
que la Sainte vient de mériter.

Ce Tableau sur toile a de hauteur 16 p. 6 pou.
sur 10 p. 6. pouces de largeur les Figures sont
de grandeur naturelle. Il vient de Bologne où
il se voyait au maître-autel des religieuses de
Ste.-Agnès. Il leur fut donné par le S. Pietro
des Carli, qui ayant déjà deux filles religieuses
dans cette maison, et voulant, contre la règle,
y en faire entrer une troisième, applanit les
difficultés par cette libéralité. Le Guide, tout
rival qu'il était du Dominiquin, ayant été chargé
de faire le prix de cet ouvrage, ne balança
pas à le fixer à 1000 écus (5000 liv.), outre
200 écus qu'il lui fit donner de plus, pour avoir
à son instance, changé *la Gloire*, qui depuis
ayant été gâtée, a été encore repeinte en partie
par Carlo Cignani. Le groupe du bourreau
qui saisit Ste.-Agnès par les cheveux, parait
en quelque sorte imité de celui de *Ste.-Flavie*
du Tableau du Corrége qui est exposé sous
le n°. 45. Le martyre de Ste. Agnès a été
gravé par G. Audran.

## 46. *David jouant de la harpe.*

Le Prophête Roi, la couronne
en tête, et revêtu du manteau royal,
est assis chantant les louanges de
Dieu, et s'accompagnant de la
harpe : un Ange tient ouvert devant
lui le livre des cantiques qu'il a
déjà composés, tandis qu'un autre,

placé derrière lui, receuille ceux que lui fait improviser l'enthousiasme divin dont il est animé.

Ce Tableau sur toile a 8 p. 6 pouces de haut sur 5 p. 2 pouces. Les Figures sont de grandeur naturelle, il vient de Versailles. Louis XIV l'acquit à la mort du Cardinal Mazarin, à qui on l'avait envoyé d'Italie. Il a été gravé par Rousselet.

47. *Sainte Cécile.*

Sainte Cécile patronne des Musiciens, est représentée debout chantant les louanges du Seigneur et s'accompagnant d'une basse de viole. Ses regards sont tournés vers le ciel, et sa bouche, interprète de son ame, semble proférer ces paroles du pseaume 118, qu'on voit écrites sur le livre qu'un Ange tient ouvert devant elle *fiat cor meum immaculatum, ut non confundar.*

Ce Tableau sur toile a 5 p. 1 pou. de haut sur 3 p. 10 pou. La Figure est de grandeur naturelle: il vient de Versailles. Le Dominiquin a fait une autre *Ste. Cécile* avec des differences, pour le Cardinal de Sansi; celle-ci fut faite pour le Cardinal Ludovisi. Le Sr. de Nogent l'apporta en France, et la vendit à Jabach, de qui Louis XIV l'achetra dans la suite. Il a été gravé par Picart le Romain.

**48.** *Dieu maudissant Adam et Eve.*

Dieu le père enveloppé d'une large draperie, et supporté par un grouppe d'Anges, apparaît à nos premiers pères leur reproche leur péché et les maudit. Adam debout, honteux de sa nudité, la crainte et le repentir dans les yeux, montre sa compagne sur la quelle il s'excuse ; et celle-ci, assise au pied de l'arbre fatal, n'osant ni se lever, ni en visager le Seigneur, se contente d'indiquer le serpent dont elle a trop facilement suivi les funestes conseils. L'effet de la malédiction céleste se remarque déjà sur un lion qui, tout-à-coup devenu féroce, se sépare du timide agneau. Le fond représente le paradis terrestre.

Ce Tableau sur cuivre a 2 p. 10. pouc. de haut sur 2 p. 4 pouc. ; les Figures ont 14 pou. de proportion : il vient de Versailles. C'est le célèbre le Nôtre qui en 1693 le donna à Louis XIV. Il a été gravé par Baudet.

**49.** *Le Ravissement de Saint Paul.*

l'Apôtre des Gentils est ravi jusqu'au troisième ciel par les Anges ; deux lui soulèvent les bras, et un

3ème. qui supporte une des jambes, se couvre la tête d'une draperie rouge que l'air fait voltiger.
La tête et toute la figure du Saint
présentent l'expression de cette joie
ineffable qu'il ressent à l'approche
de ce bonheur anticipé.

Ce Tableau sur cuivre de 18 pouces de haut
sur 14 pouces, vient de Versailles, les Figures
out 1 p de proportion. Une inscription gravée
derrière, nous instruit qu'il fut donné aux Jé-
suites par un M. Lybaut, Secrétaire du Roi,
pour être mis dans leur sacristie, d'où il a
passé ensuite dans le Cabinet du Roi : Il a été
gravé par Rousselet.

50. *Le Triomphe de l'Amour.*

L'Amour, dont l'expression désigne
à-la-fois la Puissance et la Malignité,
est assis dans son char : de la main
droite il tient son arc, et de l'autre
les rênes de deux colombes qui
tirent son char. Au-dessus du Dieu
voltigent deux Amours, dont l'un
répand des fleurs, et l'autre va en
cueillir à une couronne composée
de mirthes, de lys et de roses, qui
entoure cette agréable composition.

Ce Tableau sur cuivre a 18 pouces de haut sur
15 pou, les Figures ont 6 pou. de proportion :
il vient de Versailles. Les fleurs sont de Daniel
Seghers, dit le Jésuite, d'Auvers. Le Cardinal

Ludovisi ayant reçu ces fleurs en présent, y fit peindre au milieu par le Dominiquin ces trois Amours : Il a été gravé par Randon.

### 51. *La Vierge et Saint Antoine de Padoue.*

La Vierge au milieu d'une Gloire d'Anges et de Chérubins apparaît à Saint Antoine de Padoue, et remet dans ses bras l'enfant Jésus. Le Saint agenouillé reçoit avec autant de joie que de respect, les caresses enfantines de son jeune maître.

Ce Tableau sur cuivre a 15 pouces de haut sur 13 pouces ; les Figures ont 1 p. de proportion : il est tiré de Versailles.

### 52. *La Vierge, dite* à la coquille.

Dans un paysage arrosé par un fleuve, la Vierge, assise près d'une source, y puise avec une *coquille* de l'eau pour désaltérer son fils qui est sur ses genoux, et donne une pomme au petit Saint Jean debout à ses côtés.

Derrière ce grouppe on voit Saint Joseph occupé à décharger sa monture.

Ce Tableau sur toile a 13 pouces 6 l. de haut sur 18 pouces ; les Figures 6 à 7 pouces de proportion : il est tiré de Versailles.

DOSSI (Dosso) *né à Dosso près Ferrare, mort en* 1560, *fleurissoit vers* 1536.

Disciple de Lorenzo Costa, il se forma une manière qui tient beaucoup, quant au coloris, de celle du Titien ; il excella dans les portraits. Son frère J.-B. Dossi était bon paysagiste : ils ont souvent travaillé ensemble, et avec le Garofalo.

53. *La Circoncision de Jésus-Christ.*

Au milieu une femme âgée tient sur ses genoux l'enfant Jésus qu'elle caresse pour le disposer à l'opération ; mais effrayé à la vue du fatal couteau que tient le prêtre, il se rejette dans les bras d'un autre ministre. A droite sont rangés les assistans, parmis lesquels Saint Joseph et la Vierge sont distingués par des auréoles : à gauche on voit les Ministres du culte, et sur le devant un vieillard dont un petit enfant, saisi de crainte, embrasse les genoux.

Ce Tableau sur bois a de hauteur 12 pouces 9 lignes sur 18 pouces 9 lignes ; les Figures ont 9 à 10 pouces de proportion : il vient de Versailles.

54. *L'Annonce aux Bergers.*

La Vierge et Saint Joseph à genoux, contemplent l'enfant nouveau-

né qui est couché sur un coussin blanc.
Trois vieillards, qui paraissent être
les Mages, arrivent pour lui rendre
leurs hommages. Dans le haut, le
Père éternel apparaît au milieu de
sa gloire, et les Anges, tenant des
branches d'olivier, chantent le *Gloria
in Exce'sis*, et annoncent aux bergers, qu'on aperçoit dans le lointain, la venue du Rédempteur.

Ce Tableau sur bois a 7 pieds 6 pouces de
haut sur 5 pieds 1 pouce; les Figures ont
3 pieds 6 pouces de proportion: il provient
de la galerie de Modène.

**55.** *La Vierge et l'enfant Jésus.*

La Vierge à genoux et les mains
jointes, contemple l'enfant Jésus
qui repose mollement sur un coussin, pendant qu'il dort d'un profond
sommeil un Ange lui apporte le
Suaire et la Couronne d'épines,
symboles des souffrances aux quelles
il est voué pour le salut du genre
humain; dans le haut on voit une
Gloire d'Anges qui portent les autres
instrumens de la Passion.

Ce Tableau sur bois, attribué au Garofalo,
paraît plûtôt dans la maniere du Dosso, ainsi
qu'on en peut juger en le comparant au Ta-

bleau de *l'Annonce aux Bergers* exposé sous le n°. 54 : il a de hauteur 16 pouces 6 lignes sur 15 pouces 6 lignes : il est tiré de Versailles.

———————

## FERRARI (Gaudenzio) *né à Valdugia, près Milan, fleurissait vers* 1540.

Après avoir appris les premiers principes chez André Scotto il passa à l'école du Pérugin, où il fit de si grands progrès qu'il mérita d'être choisi par Raphaël pour l'un de ses collaborateurs dans les travaux qu'il exécuta aux loges du Vatican et à la Farnesine. Gaudenzio fut aussi Sculpteur, Architecte, Mathématicien et Poëte.

### 56. *Saint Paul, Apôtre.*

Saint Paul est représenté assis dans sa cellule : il a la main droite appuyée sur un livre qui est ouvert devant lui sur un pupître, et paraît occupé tout entier à méditer, dans le silence de la retraite, ces écrits : qui l'on fait nommer le *Docteur des Gentils.*

A travers la fenêtre on aperçoit un paysage dans lequel le peintre a représenté sa miraculeuse conversion.

Ce Tableau sur bois a 6 pieds 1 pouce de haut sur 4 pieds 7 pouces, la Figure est de grandeur naturelle ; il a été tiré de Milan où il se voyait dans

dans l'église de Ste.-Marie des grâces, des Dominiquins. L'inscription 1543 *Gaudentius*, qu'on lit au bas du pupitre, sert à fixer l'époque de cet ouvrage qui, à cause de sa réputation, est connu sous le nom du *Paolo di Gaudenzio*. L'Artiste y mit en effet tout son savoir, l'ayant fait en concurrence avec le Titien, qui avait peint pour cette même église l'admirable *couronnement d'épines*, qu'on voit exposé sous le n°. 136. Le public peut les comparer, et juger avec quel succès Gaudenzio est sorti d'une lutte aussi dangereuse.

**57.** *La Nativité de Jésus-Christ.*

La Vierge et Saint Joseph à genoux, contemplent l'enfant nouveau né qui est couché à terre soutenu et caressé par les Anges : à gauche on voit un Cardinal à genoux, qui paraît être Saint Jérôme, et dans le haut deux petits Anges chantant *le gloria*.

Ce Tableau peint sur bois, a 5 pieds de haut sur 3 pieds 5 pouces : les Figures sont demi-nature : il vient de Versailles.

---

**FETI** (Domenico Feti, dit le) *né à Rome en 1589, mort à Venise en 1584.*

Après avoir été élève du Cigoli, peintre Florentin, il passa à Mantoue et à Venise où il acheva de former son style, et surtout son coloris qui est d'une grande vigueur.

C

## 58. *La Mélancolie.*

La Mélancolie, cette affection de l'ame qui nous porte à la tristesse et à la comtemplation, est ici représentée sous l'emblême d'une femme qui a de la jeunesse et de l'embonpoint, mais sans fraîcheur : elle est au milieu d'une solitude, agenouillée devant un massif de pierre, et la tête appuyée sur sa main gauche, elle médite profondément sur une tête de mort quelle tient de la main droite : à ses pieds est un chien à l'attache, symbole de l'amitié si nécessaire à l'ame dans cette situation, et autour d'elle sont épars les instruments divers des sciences et des arts dont l'étude est chère aux esprits mélancoliques parce qu'elle exerce assez les facultés de l'ame pour lui donner un sentiment doux de son existence, sans l'exposer aux troubles des passions.

Ce Tableau sur toile a de hauteur 5 pieds 2 pouces sur 3 pieds 2 pouces ; la Figure est de grandeur naturelle. Il a été gravé par H. Simon Thomassin. Le Feti a ré-été le même sujet avec peu de différence, on voyait autrefois une composition à-peu-près pareille dans la galerie du château d'Écouen et une autre chez le Marquis de Lassey.

---

GAROFALO ( Benvenato Tisio, dit le ) *né à Garofalo près Ferrare, en 1481, mort en 1559.*

Après avoir été successivement élève de Panetti à Ferrare, de Bocacci à Crémone, et de Lorenzo Costa à Mantoue, il alla à Rome, où s'étant lié d'amitié avec Raphaël, il chercha à s'en approprier le style. Il a quelquefois travaillé en société avec les Dosses.

### 59. *Le Portrait du Garofalo.*

#### Peint par lui-même.

Le Garofalo s'est peint ici en buste et vu de trois-quarts. Il tient de la main droite un œiller ( en italien *Garofalo* ) marque qu'il avait accoutumé de peindre dans ses Tableau, par allusion à son nom de *Garofalo*, qui était aussi celui de son pays.

Ce Tableau sur bois a 19 pouces 6 lignes de haut sur 16 pouces : il vient de Versailles.

### 60. *La Vierge, Saint Jean-Baptiste et Sainte Lucie.*

Sur un trône majestueux élevé au centre d'une niche, la Vierge assise regarde avec complaisance son fils qui est debout et appuyé sur ses genoux: des Anges rangés autour du trône, forment un concert d'instrumens.

En bas on voit à droite Sainte Lucie debout tenant dans un bassin les yeux qui lui furent arrachés sous Dioclétien, et la palme de son martyre; à gauche Saint Jean Baptiste portant son agneau, et au milieu Saint Contard de la maison d'Este, assis, qui revêtu de l'habit de pélerin, dépose aux pieds de la Vierge sa couronne ducale, le chiffre CE qu'on voit sur son epaule est celui de son nom *Contard d'Este.*

Ce Tableau sur bois a 8 pieds 9 pouces, sur 4 pieds 10 pouces; les Figures sont de grandeur naturelle: il vient de la galerie de Modène. Le Garofalo le peignit en 1533, ainsi que le témoigne l'inscription suivante qui est aux pieds de Saint Jean-Baptiste.

M.DXXXIII *Benvenuti Ferrariensis.*

L'œillet qui accompagne cette inscription est une marque allusive à son nom de *Garofolo,* qui en italien signifie œillet.

### 61. *La Sainte Famille.*

L'Enfant Jésus est debout sur les genoux, de sa mére qui est assise. A ses côtés on voit, d'une part, Saint Joseph à genoux, et de l'autre le petit Saint Jean debout. Derrière ce grouppe est Sainte Anne.

Ce Tableau, peint sur bois et ceintré, a 16 pouces 6 lignes de haut, sur 12. Les Figures ont 11 pouces de proportion. Il vient de l'eglise de la Madona di Galeria, à Bologne.

**62.** *Autre Sainte Famille.*

Au milieu la Vierge assise tient sur ses genoux l'enfant Jésus dont Saint Joseph prend les mains pour le carresser; de l'autre côté Sainte Elisabeth présente le petit Saint Jean qui apporte un agneau.

Ce Tableau, sur bois, a 13 pouces de haut, sur 9 pouces. Les Figures ont 10 pouces de proportion. Il a appartenu à Charles I.er, Roi d'Angleterre, et vient en dernier lieu de Versailles. Il a été attribué à Raphaël; mais si on le compare aux deux précédens, N.os 59 et 60, on demeurera convaincu qu'il est du Garofalo.

———————

## GENNARI ( Cesare ) *né à Cento en 1641, mort en 1648.*

Neveu et élève du Guerchin, il parvint à s'approprier la manière de son maitre, à tel point que ses ouvrages trompent souvent l'œil du connoisseur le plus exercé, qui est tenté de les attribuer au Guerchin.

**63.** *La Madeleine dans le Désert.*

Au milieu de la grotte qu'elle a

choisie pour retraite, la Sainte pénitente, à genoux devant le crucifix, pleure amèrement ses désordres
passés, et levant au ciel ses yeux
baignés de larmes, en implore avec
ferveur le pardon qu'un Ange, qui
lui apparaît, semble lui annoncer.

Ce Tableau, sur toile, a 8 pieds 10 pouces,
sur 5 pieds 6 pouces. La Figure est de grandeur
naturelle. Il vient de l'église de la Madeleine, à
Cento. Un archevêque de Bologne, trop scru-
puleux, a fait peindre des cheveux sur la gorge
de la belle pénitente, et rallonger la draperie qui
lui couvre le genou.

### 64. *Le Mariage de la Vierge.*

La Vierge debout tend modes-
tement la main pour recevoir
l'anneau nuptial que lui présente Saint Joseph dont la verge
fleurit aussitôt. Le Grand Prêtre,
placé au milieu, les prend par la
main et bénit leur union. Du côté
de Saint Joseph sont rangés les
parens, et derrière la Vierge les
parentes des deux epoux.

Ce Tableau, sur toile, a 8 pieds 10 pouces
de haut ur, sur 6 pieds 2 pouces. Les Figures
sont de grandeur naturelle. Il vient de Modene.

### 65. *La Vierge et l'enfant Jésus.*

La Vierge assise et vue à mi-corps,

tient de la main gauche l'enfant
Jésus sur ses genoux, et de la droite
lui présente le sein.

Ce Tableau, sur toile, a 3 pieds de haut,
sur 2 pieds 6 pouces. La Figure est de grandeur naturelle. Il vient du séminaire de Cento.

---

## GOBBO des Carraches ( Pietro Paolo Bonzi, dit le ) *né à Cortone, mort âgé de 60 ans, vers 1635.*

Il a peint avec succès les fruits, le paysage,
et même la figure; mais c'est dans les fruits
sur-tout qu'il a excellé. On l'a appelé le *Gobbo
des Carraches,* parce que, dit-on, il avait été
à leur école.

**66.** *La Vengeance de Latone.*

Latone fatiguée d'une longue marche
et du poids de ses deux enfans,
Apollon et Diane, qu'elle portait
entre ses bras, s'assied au bord d'un
ruisseau pour s'y désaltérer, mais des
paysans qui s'y baignent ayant eu la
malignité de troubler l'eau pour
l'empêcher de boire, la Déesse in-
dignée les métamorphose en gre-
nouilles. Le fond présente de frais
paturages ornés d'animaux.

Ce Tableau, de forme ovale, est sur bois;
il a 16 pouces 6 lignes de largeur, sur 13
pouces de hauteur. Il vient de Versailles.

# GUERCHIN (Gio. Francesco Barbieri, dit le ) *né à Cento en* 1590 ( *mort en* 1666.

Il commença ses premières études à Cento, sa patrie, sous Benedetto Gennari, dit l'*Ancien* ; les ouvrages des Carraches et du Caravage achevèrent de le former. Le Musée national vient de s'enrichir d'une nombreuse suite d'ouvrages du Guerchin, d'autant plus précieuse, qu'elle comprend, en grande partie, ce qu'il a produit de mieux depuis l'âge de 22 ans jusqu'à celui de 72, c'est-à-dire, pendant sa vie *pittoresque*. On va les décrire par ordre chronologique, afin de donner aux connaisseurs la faculté de suivre cet habile maître dans ses progrès, sa force, et sa décadence.

### 67. *La Gloire du Paradis.*

Au milieu de la partie supérieure Jésus-Christ assis sur des nuages, tient d'une main le globe du monde, et de l'autre accueille la Vierge qui se présente agenouillée à sa droite : le Saint Esprit, sous la forme d'une colombe, plane au-dessus de sa tête, et le Père éternel paraît au sommet de la Gloire formée de chœurs d'Anges et de Vierges chantant les louanges de Dieu. Au-dessous on voit la multitude innombrable des élus de tout âge, de tout sexe et

de toute condition, qui, les yeux
fixés sur Jésus-Christ le glorifient
comme leur chef et leur modèle.
Parmi ceux des premiers rangs on
distingue à droite Saint Augustin,
Saint François et Saint Etienne,
au milieu Saint Sébastien, et à gauche Saint Blaise évêque, Saint
François de Paule, et Saint Paul.

Ce Tableau, peint sur toile et cintré par le
haut, a 10 pieds 11 po. de haut, sur 6 pieds 4 po.
Les Figure sont de grandeur naturelle. Il vient
de l'église du Saint Esprit, à Cento. Le Guerchin le peignit en 1612, âgé seulement de 21
ans. C'est un des premiers ouvrages qu'il exposa
en public à Cento, sa patrie, et au succès
duquel il dut, en grande partie, les nombreuses
occasions qu'il a eues depui d'exercer son talent.
La collection des dessins du Musée national
possede une première pensée de cette composition, dessinée à la plume sur papier bistré,
et rehaussé de blanc.

**68.** *La Vierge, Saint Joseph et plu-*
*sieurs Saints.*

Dans le haut du Tableau on voit
sur des nuages la Vierge tenant
l'enfant Jésus, deux Anges l'accompagnent. En bas on voit à gauche
Saint Joseph, et Saint Louis Roi
de France, à droite Saint Augustin
et Saint François, et au milieu un

C 5

jeune homme à genoux, fils du donataire.

Ce Tableau, qui a 9 pieds 6 pouces de haut, sur 5 pieds 10 pouces, est sur toile. Les Figures sont de grandeur naturelle. Il vient de l'église de Saint-Augustin de Cento. Le Guerchin le peignit en 1616. Cet ouvrage, ainsi que le précédent, sont curieux, en ce qu'ils donnent une idée de ce qu'était le talent du Guerchin, avant qu'il eût été à Bologne voir les grands ouvrages des Carraches, et à l'époque où il n'avait encore pu étudier que le seul Tableau de Louis Carrache, qui était aux Capucins de Cento, et que l'on peut voir exposé sous le N°. 27.

69. *Jésus-Christ donnant les clefs de l'Eglise à Saint Pierre.*

Le Sauveur debout consigne les clefs de son Eglise à Saint Pierre qui est à genoux sur le premier plan, et lui montre la Chaire de Rome sur laquelle il s'asseyera pour gouverner la Chrétienté.

Près de la Chaire sont deux Anges, l'un a les mains croisées sur sa poitrine, en signe de respect, l'autre porte la thiare emblême de la triple puissance des souverains pontifes. Une Gloire d'Anges occupe le haut de la composition.

Ce Tableau, sur toile, a 11 pieds 6 pouces de haut, sur 6 pieds 10 pouces. Les Figures

sont de grandeur naturelle. Il vient de l'église
cathédrale de Cento. Le Guerchin le peignit
en 1618, à l'âge de 28 ans, et au retour d'un
voyage qu'il avait fait à Bologne, dans lequel
il avait eu occasion de faire plusieurs ouvrages,
et d'étudier ceux des Carraches. Les connaisseurs pourront juger du changement que leur
vue apporta dans sa manière, en comparant
ce Tableau aux deux précédens, Nos. 67 et
68, exécutés à Cento, sa patrie, avant qu'il
en sortit. Il a été gravé plusieurs fois.

## 70. *Saint Guillaume prenant l'habit monastique.*

Guillaume, duc d'Aquitaine,
après avoir longtems suivi le monde
et la profession des armes, y renonce
et échange l'habit guerrier contre
l'habit monastique. Il est à genoux
et le reçoit des mains de l'Évêque
Saint Félix que l'on voit à gauche
élevé sur son siége épiscopal : à droite
un moine vêtu de blanc converse
avec un des guerriers de la suite de
Guillaume, qui porte un drapeau,
et dans le haut la Vierge apparaît
tenant l'enfant Jésus près du quel
on voit Saint Jean, et Saint Pierre
qui lui présente une croix.

Ce Tableau, sur toile, a 10 pieds 6 pouces
de haut, sur 7 pieds 1 pouces. Les Figures
sont de grandeur naturelle. Il a été tiré de
l'église de Saint-Grégoire, à Bologne, où il

ornait la chapelle des Locatelli. Le Guerchin le peignit en 1620, pour la somme de 150 écus (800 liv.) Une première pensée de ce Tableau, dessinée à la plume et légèrement lavée à l'encre de la Chine, est exposée dans la galerie d'Apollon, sous le N°. 69. La collection nationale possède, en outre, deux autres croquis differens de cette composition.

### 71. *Saint François et Saint Benoît.*

Les deux Saints étant en oraison, un Ange jouant du violon leur apparaît dans les airs : Saint Benoît paraît l'écouter avec plaisir, mais Saint François peu sensible à la céleste harmonie, paraît la repousser et se plaindre d'être ainsi distrait de ses méditations.

Ce Tableau, sur toile, a 7 pieds 11 pouces de haut, sur 5 pieds 6 pouces. Les Figures sont de grandeur naturelle. Il vient de l'église de Saint-Pierre, à Cento, pour laquelle le Guerchin le fit en 1620, ainsi que le précédent.

### 72. *Le Crucifiement de Saint Pierre.*

Le Saint est sur le point d'être mis sur sa croix que l'on voit étendue par terre.

Tandis que l'un des bourreaux le dépouille avec violence de ses vêtemens, deux autres sont occupés à lui lier les bras et les jambes, et un quatrième, tenant l'échelle destinée à élever la croix, paraît se complaire à l'accabler d'injures. Calme au milieu de ses souffrances, le Saint lève les yeux au ciel où un Ange qui lui apparaît semble, pour l'encourager, lui rappeler que son divin maître subit le même supplice.

Ce Tableau, sur toile, a 9 pieds 7 pouces de haut, sur 5 pieds 11 pouces. Les Figures sont de grandeur naturelle. Il vient de la galerie de Modène. La date de ce Tableau n'est fixée par aucun des écrivains qui ont parlé des ouvrages du Guerchin ; mais à la fierté du dessin, à la force et à la vigueur du coloris, on reconnaît aisément qu'il doit être rapporté à l'époque la plus brillante de ce maître, c'est-à-dire, à celle où, appelé à Rome, le Guerchin se lia d'une intime amitié avec Michel-Ange de Caravage, s'empara de sa manière forte, qu'il sut ennoblir, et produisit la Sainte-Pétronille ; or, ce voyage à Rome ayant eu lieu en 1621, c'est nécessairement après cette date qu'il faut ranger cet ouvrage.

73. *L'Apparition de Jésus-Christ à la Vierge.*

J. C. tenant l'étendart glorieux de sa résurrection, apparaît à sa mère au moment où elle est en oraison dans sa cellule ; à cette vue inespérée elle tombe à ses genoux, et, pour s'assurer de la réalité de ce qu'elle voit, elle porte

les mains sur le coup de lance qu'il
à reçu dans le côté.

Ce Tableau, sur toile, a 8 pieds de haut,
sur 5 pieds 5 pouces. Les Figures sont de
grandeur naturelle. Il vient de l'église du
*Nome di Dio*, à Cento, et a toujours passé
pour l'un des plus beaux dont le Guerchin
a orné sa patrie : en effet, il le peignit en
1630, c'est-à-dire, à l'époque de sa plus grande
Vigueur. Il a été gravé en Angleterre, par
Strang.

### 74. *La Décolation des Saints Jean et Paul.*

Les Saints Jean et Paul, qui
souffrirent le martyre à Rome, sous
Julien l'Apostat, sont ici représentés au moment de leur supplice.
L'un d'eux, déjà décapité, est étendu
mort sur le deuxième plan ; l'autre,
agenouillé et les mains liées derrière
le dos, baisse la tête pour recevoir
du bourreau, prêt à le fraper, le
coup qui va le réunir à son compagnon. Dans le haut la Vierge sur
des nuages apparaît avec l'enfant
Jésus.

Ce Tableau, sur toile, a 9 pieds 7 pouces
de haut, sur 6 pieds 5 pouces. Les Figures
sont de grandeur naturelle. Il vient de Modène : le Guerchin le peignit en 1632, ainsi
que le suivant, pour une chapelle de la cathédrale de Reggio.

**75.** *La Visitation de Sainte Elisabeth.*

La Vierge ayant appris qu'Elisabeth, sa cousine, était enceinte, vient la visiter ; celle-ci la prend par la main, et ouvrant la porte de sa maison, semble lui dire « d'où me vient ce bonheur que la mère de mon Seigneur me rende visite ? » Sur le deuxième plan on voit Zacharie accueillant Saint Joseph, et un domestique occupé à décharger la monture.

Ce Tableau, sur toile, a 9 pieds 8 pouces de haut, sur 6 pieds 6 pouces. Les Figures sont de grandeur naturelle. Il vient de Modène ; il a été peint, ainsi que le précédent, en l'année 1632, pour une chapelle de la cathédrale de Reggio ; et l'on remarque, en effet, dans ces deux ouvrages, la même manière.

**76.** *Mars, Vénus et l'Amour.*

Vénus à demie nue est assise sur un lit : de la main gauche elle s'appuye sur un carquois, et de la droite elle indique à un jeune Amour qui est à ses côtés tenant son arc bandé, où il doit diriger la flèche qu'il est prêt à décocher. A gauche on voit le Dieu Mars, cuirassé et

le casque en tête, soulevant le rideau
du lit.

Ce Tableau, sur toile, a 4 pieds 3 pouces
de haut, sur 5 pieds. Les Figures sont de
grandeur naturelle. Il vient de la galerie de
Modène : le Guerchin le peignit en 1634, pour
un gentilhomme de Modène, qui voulait en
faire présent au Duc.

### 77.  *La Circoncision de Jésus-Christ.*

L'enfant Jésus placé sur une table,
est tenu par l'un des Ministres du
Temple ; à droite le prêtre assis et
entouré des autres Ministres, est
occupé de l'opération. aux premières
atteintes de la douleur, l'enfant jette
des cris, et se retournant vers sa
mère qui est à gauche debout avec
Sainte Anne, et Saint Joseph, il
invoque son secours en lui tendant
les bras.

Le fond représente l'intérieur du
Temple.

Ce Tableau, sur toile, a 12 pieds 9 pouces
de haut, sur 8 pieds 3 pouces. Les Figures
sont de grandeur naturelle. Le Guerchin le
peignit en 1646, pour le maître-autel des religieuses de *Jésus-Maria*, à Bologne, d'où il a
été tiré. Malvasia rapporte que ce Tableau
ayant été mis en place la veille de la fête de
l'église, le Guerchin remplit un vide qui était
resté au-dessus, par un *Père éternel*, qu'il
exécuta dans la nuit même, à la lueur des

des flambeaux. La Circoncision a été gravée
par Bartolozzi.

## 78. *La Vierge apparaissant à Saint Bruno.*

Saint Bruno étant en oraison
dans sa solitude, la Vierge lui
apparaît au milieu d'une Gloire
d'Anges; elle tient sur ses genoux
l'enfant Jésus qui accueille affectueusement les ferventes prières
du Saint, et lui donne sa bénédiction. On voit sur le second
plan un de ses Disciples à genoux,
et en méditation sur le Crucifix.

Ce Tableau, sur toile, a de hauteur 12
pieds 1 pouce, sur 7 pieds 3 pouces. Les
Figures sont de grandeur naturelle. Il vient
de l'église des Chartreux de Bologne, pour
lesquels le Guerchin le fit en 1647, à l'âge
de 57 ans. Il lui fut payé 781 écus ( 3500 liv.
( iron ).

## 79. *La Trinité, avec Saint Geminien, Saint François et Saint Sébastien.*

Au milieu d'une Gloire qui occupe la partie supérieure du Tableau, paraissent les trois personnes
de la Trinité avec la Vierge et
Saint Joseph aux côtés de Jésus-
Christ. Au dessous on voit assis sur le

premier plan Saint Geminien,
Evêque et patron de la ville de
Modène, dont il tient le modèle
sur ses genoux, il a derriere lui
Saint Pierre avec qui il s'entretient,
Saint Paul et Saint Jean-Baptiste :
au centre est Saint François d'Assise,
et à droite Saint Sébastien ayant derrière lui Saint Jérôme, Saint Grégoire
et Saint Etienne. Dans le fond on
aperçoit la multitude des Elus qui
tous ont les yeux fixés sur la Trinité dont ils chantent les louanges.

Ce Tableau, sur toile et ceintré, a 10 pieds
11 pouces de haut, sur 6 pieds 4 pouces. Les
Figures sont de grandeur naturelle. Il vient
de la galerie de Modène, et se voyait autrefois
au maître-autel de l'Oratoire de St gmates,
pour lequel le Guerchin le fit en 1647.

**80.** *Le Mariage de Sainte Catherine.*

La Vierge assise et vue à mi-
corps, tient sur ses genoux l'enfant
Jésus qui met au doigt de Sainte
Catherine l'anneau signe de l'alliance qu'il contracte avec elle :
la Sainte debout, la couronne en
tête, et revêtue des habits royaux,
reçoit avec respect et humilité cette
insigne faveur.

Ce Tableau, sur toile, a 3 pieds 9 pouces de haut, sur 5 pieds 1 pouce. Les demi-Figures sont de grandeur naturelle. Il vient du palais ducal de Modène, chambre du lit. Le Guerchin le peignit en 1650, pour le S. Césare Cavazza, Valet-de-Chambre du Duc de Modène : il est de sa dernière manière, et du tems où il cherchait celle du Guide. Il a été gravé par Pasqualini.

### 81. La fille d'Hérodias recevant la tête de Saint Jean-Baptiste.

Le bourreau vient de décapiter dans la prison Saint Jean-Baptiste : d'une main il tient son épée, et de l'autre la tête sanglante du Saint. Salomé, fille d'Hérodias, la reçoit dans un bassin pour la porter en triomphe à sa mère. Derrière elle est une Suivante dont l'émotion contraste avec la froide barbarie de sa maîtresse.

Ce Tableau, peint sur toile, a 4 pieds 3 pouces de haut, sur 5 pieds 7 pouces. Les demi-Figures sont de grandeur naturelle. Il vient de la galerie de Modène, où, en 1767, il avait été transporté de Sassuolo, maison de plaisance du Duc. Sa date est incertaine ; mais son faire tenant beaucoup à celui du Tableau décrit en l'article précédent, on a cru devoir le ranger à la suite.

### 82. Saint Jérôme à qui la Vierge apparaît.

Le Saint Docteur est représenté

au milieu du Désert de la Thébaïde,
où il s'était retiré pour méditer et
composer ces écrits qui l'ont rendu
une des lumières de l'Eglise. Tandis qu'il est occupé, la Vierge
lui apparaît avec l'enfant Jésus, et
l'encourage à persévérer dans ses
doctes veilles.

Ce Tableau, sur toile, a 9 pieds 11 pouces
de haut, sur 6 pieds 1 po. Les Figures sont de
grandeur naturelle. Il vient de l'église du
Rosaire, à Cento : le Guerchin le peignit en
l'année 1650, pour le S. Pietro del Frate.

## 83. *La Vierge et l'enfant Jésus.*

La Vierge debout, et vue à
mi-corps, tient l'enfant Jésus qu'elle
regarde d'un œil de complaisance,
celui-ci est nud debout sur une table
et dans l'action de donner sa bénédiction.

Ce Tableau, sur toile, a 5 pieds 10 pouces
de haut, sur 5 pieds 3 pouces. Les Figures
sont de grandeur naturelle. Sa date est incertaine. Il vient de Modene.

## 84. *Saint François recevant les Styg-*
*mates.*

Saint François d'Assise étant en
oraison sur le mont Alverne en
Ombrie, voit dans les airs un Sé-

raphin ayant six ailes ardentes et lumineuses, entre lesquelles était l'image du Crucifix; frappé de cette vision il lève les mains au ciel, et aussitôt, ses mains, ses pieds, et son côté reçoivent l'empreinte des plaies de J. C.; empreintes qu'il garda, dit-on, toute sa vie. On voit sur le second plan un de ses Disciples méditant sur un livre.

Ce Tableau, peint sur toile, a 8 pieds 6 pouces de haut, sur 5 pieds 4 pouces de large. La Figure est de grandeur naturelle. Il vient de Modène.

85. *La Vierge, Saint Geminien, Saint Jean-Baptiste, Saint Georges et Saint Pierre-Martyr.*

Saint Geminien la mitre en tête, et revêtu des habits pontificaux, est assis sur le premier plan; il prend des mains d'un Ange le modèle en petit de la ville de Modène dont il est le patron, pour l'offrir à la Vierge qui apparaît dans les airs accompagnée de deux Anges: dans ses bras est l'enfant Jésus qui bénit la ville et la prend sous sa protection. Au centre on voit Saint

Jean Baptiste à genoux, à droite Saint Georges debout cuirassé et appuyé sur son épée, et derrière lui Saint Pierre - Martyr, religieux de l'ordre de Saint Dominique.

Ce Tableau, sur toile et ceintré, a de hauteur 10 pieds 2 pouces, sur 6 pieds 11 pouces. Les Figures sont de grandeur naturelle. Il vient de la galerie de Modène, et se voyait auparavant à l'autel de l'Oratoire de Saint-Pierre - Martyr, pour lequel le Guerchin le peignit en 1651, par ordre du Duc de Modène.

## 86. Saint Bernard Tolomei recevant sa règle de la Vierge.

Saint Bernard Tolomei, fondateur de l'Ordre des Olivetains, étant en prières la Vierge, au milieu d'une Gloire d'Anges, lui apparaît ; de la gauche elle tient l'enfant Jésus, et de la droite les armes du Monastère de Mont-Olivet chef-lieu de l'Ordre, qui sont composées de trois Monts surmontés de deux rameaux d'olivier et d'une croix ; en même-tems un Ange remet au Saint Abbé la règle de son Ordre, contenue en un livre sur lequel on lit : *Regula divi patris Benedicti abbatis , ausculta fili , præcepta Magistri.*

Ce Tableau , sur toile , a de hauteur 9 pieds 5 pouces , sur 6 pieds. Les Figures sont de grandeur naturelle. Il vient de l'église de Saint-Michel *in Bosco* , première chapelle à droite. Le Guerchin le peignit en 1662. C'est , dans l'ordre chronologique , le dernier des ouvrages de cet habile maître que possède le Musée national , et même l'un des derniers qu'il produisit ; car il avait alors 72 ans , et mourut quatre ans après , en 1666.

---

GUIDE ( Guido Reni , dit le ) *né à Calvenzano près Bologne , en* 1575 , *mort en* 1642.

Il fut d'abord élève de Denis Calvart , puis des Carraches , et particulièrement de Louis.

87. *La Mère de Pitié avec les Saints Protecteurs de Bologne.*

Dans la partie supérieure , qui figure une tapisserie , on voit la Vierge debout levant au ciel ses yeux baignés de larmes , et gémissant sur la perte de son fils dont le corps est étendu à ses pieds. Deux Anges placés à ses côtés prennent part à son extrême affliction. Au-dessous sont les Saints protecteurs de la ville de Bologne , dont le modèle

en petit se voit au bas du Tableau,
savoir, Saint Charles Borromée à
genoux au milieu, le crucifix à la
main; à droite Saint Georges debout
en habit militaire, avec St. François
les mains croisées sur la poitrine;
et à gauche Saint Pétrone, Evêque
de Bologne, à genoux en oraison,
et derrière lui Saint Dominique
tenant un livre à la main.

Ce Tableau, sur toile et ceintré, a 21 pieds
de hauteur, sur 10 pieds 7 pouces. Les Figures
ont 9 pieds de proportion. Il vient du maître-
autel de l'église des *Mendicanti*, à Bologne.
Ce fut par cet ouvrage sur-tout que le Guide
montra à ses émules qu'il savait, quand il
voulait, passer du délicat au fier et au grandiose.
Louis Carrache, son maître, qui s'était flatté
d'avoir cet ouvrage, n'ayant pu l'obtenir, chercha à l'éclipser, en faisant pour la même église
la *Vocation de Saint-Mathieu*. Ce Tableau étant
exposé vis à vis celui-ci sous le Nº. 29, on peut
juger qui l'a emporté du maître ou du disciple.
On peut voir encore jusqu'à quel point est
fondé le reproche qui a été fait au Guide d'avoir
composé son *Saint-Pétrone* d'après celui que le
Cavedone avait déjà peint pour la même église
des Mendicanti, et qui est exposé sous le
Nº. 39, en comparant ces deux Figures.

**88.** *Saint Roch dans la Prison.*

Saint Roch assis dans sa prison,
tourne ses regards douloureux vers
le ciel dont il invoque avec ferveur
l'assistance; aussitôt ses fers se dé-
tachent,

tâchent, et un Ange consolateur,
apparaissant sur un nuage, lui apporte une couronne de fleurs, signe
de sa prochaine délivrance, et de
la cessation de ses peines. A ses
côtés est le chien son constant et
fidelle compagnon.

Ce Tableau, sur toile et ceintré, a 11 pieds
4 pouces de haut, sur 6 pieds 6 pouces. Les
figures ont 8 pieds de proportion. Il vient de
la galerie de Modene, où il avait été transporté de Carpi.

### 89. *Le Massacre des Innocens.*

Sur le premier plan une jeune
femme agenouillée gémit éplorée
sur le sort de ses deux enfans éten-
dus morts à ses pieds, et dans son
désespoir elle invoque la vengeance
du ciel. Plus loin deux autres
femmes renversées par terre, tâchent
par leurs cris d'arrêter la fureur
d'un soldat qui, le poignard levé,
est prêt à frapper leurs enfans;
une autre fuit cachant dans sa draperie
son fils au maillot; enfin sur le
deuxième plan un satellite, saisis-
sant par les cheveux une mère qui
fuit avec son enfant, est prêt à le
percer. Dans le haut deux petits

D

Anges apportent des faisceaux de palmes pour les distribuer à ces innocentes victimes.

Ce Tableau, peint sur toile, a 8 pieds 2 pouces de haut, sur 5 pieds 3 pouces. Les figures sont de grandeur naturelle. Il vient de l'église de Saint-Dominique, à Bologne, où il décorait l'autel de la chapelle Ghisilieri, qui est la cinquième à droite. C'est un des plus beaux ouvrages qui soient sortis du pinceau du Guide. Il l'entreprit pour la modique somme de 100 écus ( 500 liv. ), et dans la seule vue de fermer la bouche à ses rivaux, qui publiaient qu'il n'était qu'un *Peintre de Madones*, et qu'il n'était pas capable de peindre l'histoire. Il a été gravé deux fois en Italie par Giacomo Stefanoni, et par le Bolognini.

90. *Job rendu à sa première opulence.*

Dieu, après avoir éprouvé la patience de Job par une longue suite de malheurs et de calamités, lui pardonne et lui rend au double ses premières richesses. Assis majestueusement sur un siége élevé il reçoit les hommages et les présens de ses frères, de ses sœurs et de tous ceux qui l'avoient connu anciennement; l'un lui apporte un veau, un autre un Mouton; un troisième des aiguières d'or et autres vases précieux; une jeune fille lui offre une corbeille remplie

de bijoux ; tous s'efforcent à l'envi
de le dédommager des pertes qu'il
a essuyées, de sorte qu'en peu de
tems il devient plus riche qu'il n'a
jamais été.

Ce Tableau, sur toile, a de hauteur 12 pieds
9 pouces, sur 8 pieds 3 pouces. Les Figures
sont de grandeur naturelle. Il vient de l'église
des *Mendicanti*, à Bologne, dont il décorait
la troisième chapelle à gauche, qui est celle
des marchands de soie. Il a été gravé par
Langlois.

**91.** *La Purification de la Vierge.*

La Vierge agenouillée devant
l'autel, vient de remettre son fils
à Siméon : les mains jointes elle
écoute avec respect les paroles du
Saint vieillard qui, tenant l'enfant
dans ses bras, le présente au
Seigneur, et récite son cantique
d'actions de grâces ; Saint Joseph
est à ses côtés, et Sainte Anne
derrière la Vierge avec le reste de
la famille : sur le devant une jeune
fille à genoux fait l'offrande de
deux tourterelles, ordonnée par la
loi, et du côté opposé on remarque
un petit garçon qui s'amuse à agacer
avec le doigt deux pigeonneaux dé-
posés sur une table.

Ce Tableau, sur toile, a 8 pieds 10 pouces sur 6 pieds 1 pouce. Les Figures sont de petite nature. Il vient de la galerie de Modène, et se voyait ci devant dans la cathédrale, première chapelle à main droite. Cet ouvrage est de la dernière manière du Guide, et du nombre de ceux que lui arrachait la nécessité, lorsque, dans ses dernières années, livré à la funeste passion du jeu, il était forcé de travailler à la hâte pour gagner de l'argent et réparer ses pertes.

## 92. La Vierge et l'enfant Jésus.

La Vierge assise tient sur ses genoux l'enfant Jésus; il est couché sur un linge blanc et paraît dormir d'un profond sommeil.

Ce Tableau est sur toile; il est rond, ayant 3 pieds 8 pouces de diamètre. Il a été tiré de Versailles.

## 93. L'union du Dessin et de la Couleur.

Le Dessin, sous la figure d'un jeune homme tenant un crayon à la main, embrasse la Couleur représentée par une jeune femme tenant une palette et des pinceaux; celle-ci paraît répondre à ses caresses, et l'inviter à maintenir un accord qui peut seul mériter à leurs productions une gloire solide.

Ce Tableau est sur toile; il est rond, ayant, comme le précédent, 3 pieds 8 pouces de diamètre. Il vient de Versailles.

**94.** *Le Sommeil de l'enfant Jésus.*

L'enfant Jésus couché sur un drap blanc et la tête appuyée sur un coussin, dort du plus profond sommeil : la Vierge, Saint Joseph et deux Anges le contemplent respectueusement ; sur le deuxième plan on voit Saint Elisabeth caressant le petit Saint Jean, et Zacharie lisant l'écriture.

Ce Tableau, de forme ovale, est peint sur ardoise ; il a 14 pouces de haut, sur 10 pouces. Les Figures ont 8 pouces de proportion. Il vient de Modène.

**95.** *Le Christ en Croix.*

Jésus-Christ étendu sur la croix, est au moment de rendre le dernier soupir ; la Madeleine agenouillée embrasse ses pieds, et levant vers lui ses yeux mouillés de larmes, témoigne son extrême affliction.

Ce Tableau, de forme ovale, est peint sur bois ; il a 18 pouces 6 lignes de haut, sur 14 pouces. Il vient de Modène.

———————

**JULES ROMAIN ( Giulo Pippi, dit )** *né à Rome en 1492, mort en 1546.*

Place de bonne heure à l'école de Raphaël,

D 3

Jules devint bientôt le plus savant des disciples de ce grand maître, qui en fit son favori et son héritier.

### 96. Le Portrait de Jules Romain.

#### Peint par lui-même.

Jules-Romain le plus habile et le plus aimé des disciples de Raphaël, s'est représenté ici à mi-corps. La tête vue de trois quarts est découverte ; il a les cheveux courts et frisés, et la barbe longue, son habit est d'une étoffe noire.

Ce Tableau, sur bois, a 21 pouces de haut, sur 16 pouces. Il a été tiré de Versailles.

### 97. L'Adoration des Bergers.

La Vierge et Saint Joseph à genoux, contemplent l'enfant Jésus qui est couché à terre dans sa crèche : un grouppe de Bergers vient le saluer et lui apporter des présens. Sur le devant on voit à droite Saint Longin debout en habit guerrier et appuyé sur sa lance, et du côté opposé Saint Jean l'évangéliste. Dans le lointain on aperçoit l'Ange annonçant aux Bergers la venue du Messie.

Ce Tableau, sur bois, a 8 pieds 4 pouces de

haut, sur 6 pieds 7 pouces. Les Figures sont de grandeur naturelle. Jules peignit ce Tableau pour la chapelle d'Isabelle Buschetta, dans l'église de Saint-André, à Mantoue. Quelque tems après, le Duc de Mantoue le fit transporter dans son palais, où il demeura jusqu'à ce que Charles I<sup>er</sup>., Roi d'Angleterre, en fit l'acquisition : à sa mort, M. Jabach l'acheta ; et c'est de lui que le Roi l'a acquis. Il a été gravé par Despiaces et Chauveau.

98. *Vénus et Vulcain.*

Le Dieu reconcilié avec son épouse lui apporte les traits qu'il vient de forger pour les Amours qui folâtrent autour de leur mère. Tandis que l'un deux est occupé à remettre son arc en état, Vénus lui garnit son carquois de flèches, deux autres lui apportent une corbeille de fleurs, et un troisième, assis sur le devant, fait usage de toutes ses forces pour tendre son arc.

Ce Tableau, sur bois, a 14 pouces de haut, sur 6 pouces. Il a été tiré de Versailles. Le Musée possède un dessin de ce Tableau, à la plume et rehaussé de blanc ; il est exposé dans la galerie d'Apollon, sous le N°. 85.

99. *Le Triomphe de Tite et de Vespasien.*

Les deux Empereurs, la tête ceinte de lauriers et couronnés par

D 4

la victoire, sont assis dans un même char tiré par quatre chevaux blancs, dont deux écuyers tiennent les rênes. Au-devant marche un officier romain tenant une femme par les cheveux, son désespoir et son abbatement indiquent assez que c'est la *Judée captive*, dont la conquête fait le sujet du triomphe. Le cortége va passer sous un arc triomphal sous lequel on aperçoit le chandelier à sept branches, l'une des dépouilles du Temple de Jérusalem.

Ce Tableau, sur bois, a 3 pieds 9 pouces de haut, sur 5 pieds 3 pouces; il vient de Versailles. Il a appartenu à Charles I<sup>er</sup>. et à M. Jabach, de qui le Roi l'acheta. Desplaces l'a gravé.

———

## LANA (Ludovico) *né à Modène en 1597, mort en 1646.*

Il forma son goût sur les ouvrages des Carraches, et particulièrement sur ceux du Guerchin, dont il parvint à s'approprier la manière. Ses principaux ouvrages sont dans les églises de Modène, sa patrie, où il a passé toute sa vie. On n'en avait pas encore vu en France.

100.    *La Mort de Clorinde.*

Clorinde blessée à mort dans le

combat qu'elle vient de soutenir contre Tancrède, est étendue au pied d'un arbre : son sein découvert laisse voir sa blessure, et près d'elle sont sa cuirasse, son casque et son épée. Prête à mourir elle demande en grâce de recevoir le baptême, et tandis que Tancrède le lui administre avec de l'eau qu'il a été puiser dans son casque à une source voisine, elle lui tend la main en signe de reconnaisance et rend le dernier soupir.

Ce Tableau, sur toile, a 5 pieds de haut, sur 4 pieds 3 pouces. Les Figures sont de grandeur naturelle. Il vient de la galerie de Modène.

———————

## LANFRANC ( Giovanni Lanfranchi, dit le ) *né à Parme en 1581, mort à Rome en 1647.*

Il fut élève d'Augustin et d'Annibal Carrache.

101. *Les Adieux de Saint Pierre et de Saint Paul.*

Les deux Saints se séparent pour aller au martyre : à droite Saint Pierre, escorté par des soldats et

tiré avec violence par un bourreau, se retourne vers Saint Paul
que des satellites entraînent aussi
vers le lieu du supplice, et lui fait
de tendres adieux : on dirait qu'ils
se consolent par l'idée que bientôt
ils vont être réunis dans le séjour
céleste. Le fonds offre un paysage
et les portes de Rome.

Ce Tableau, peint sur toile, a de hauteur
3 pieds 3 pouces, sur 5 pieds. Il vient de
Versailles. Picard le Romain l'a gravé.

---

## LELIO ORSI (da Novellara) *né à Reggio en 1511, mort à Novellara en 1587.*

Il étudia particulièrement les ouvrages du
Corrège, dont il chercha à s'approprier la grâce
et la couleur. Ses principaux ouvrages se
voyaient à Reggio, sa patrie, et à Novellara,
dont il prit le nom, parce qu'il s'y retira, et
y passa la plus grande partie de sa vie : mais
le temps en a détruit beaucoup, et ses Tableaux, ainsi que ses Dessins, sont très-rares.
Ils étaient tout-à-fait inconnus en France.

**102.** *La Vierge, Saint Joseph et Saint Michel.*

Au centre la Vierge assise tient
sur ses genoux l'enfant Jésus : à sa
droite l'archange Saint Michel,

vainqueur du démon qu'il foule aux pieds, tient une balance dans le plateau de laquelle est une ame du Purgatoire qu'il va faire péser à l'enfant Jésus, ainsi que d'autres que des Anges lui apportent. Prêt à mettre le poids dans la balance, l'enfant Jésus se retourne vers la Vierge et Saint Joseph comme pour leur demander conseil; à droite et sur le devant est un Saint Evêque agenouillé accompagné d'Anges qui portent sa mître et sa crosse.

Ce Tableau, peint sur bois et ceintré, a 7 pieds 6 pouces de haut, sur 4 pieds 8 pouces. Les Figures sont de grandeur naturelle. Il vient de Parme, où il se voyait au maître-autel de l'église de Saint-Michel. Le père Zapata, Bénédictin, dans ses Mémoires manuscrits sur les églises de Parme, ainsi que l'auteur de l'*Abedario Pittorico*, attribuent ce Tableau à *Giorgio del Grano*, de Mantoue, aussi élève du Corrège.

---

**LÉONARD DE VINCI**, *né à Vinci en Toscane en* 1443, *mort à Amboise en* 1519.

Il a été disciple d'André del Verrochio.

103. *La Vierge et Sainte Anne.*

La Vierge assise sur les genoux

de Sainte Anne, se baisse pour caresser l'enfant Jésus qui est à terre
et joue avec un agneau. le fonds
représente un paysage montueux.

Ce Tableau, sur bois, a 5 pieds 2 pouces
de haut, sur 3 pieds 10 pouces. Les Figures
sont de grandeur naturelle. Il vient de Versailles. Il faut que ce Tableau ait été répété
par Léonard ; car il y en a un presque sem-
blable à celui-ci dans l'église de Saint-Celse,
à Milan.

**104.** *Le Portrait de la Joconde.*

Madame Lise, dite la *Joconde,*
parce qu'elle était femme de *Fran-*
*cesco del Giocondo,* gentilhomme
florentin, était célèbre par sa
beauté. Elle est représentée assise,
la tête presque de face et couverte
d'un voile qui retombe sur ses
épaules ; le mouvement du sourire
est sur ses lèvres ; elle a la main
droite posée sur sa gauche. Le
fonds représente un paysage.

Ce Tableau, sur bois, a 2 pieds 4 pouces
de haut, sur 19 pouces ; il vient de Versailles.
Léonard fut quatre années à le peindre, suivant
le Vasari ; et François Ier. l'acheta 4000 écus.

**105.** *Un Portrait de femme.*

Cette dame est vue à mi-corps
et comme à travers une fenêtre ;

elle est vêtue d'un corps de robe rouge orné de broderies et galons d'or. La tête est de trois quarts et coiffée en cheveux courts et lisses; son front est ceint d'une gance noire avec un diamant au milieu, et son col est orné d'une cordélière.

Ce Tableau, sur bois, a 23 pouces de haut, sur 19 pouces. La Figure est de petite nature. Il vient de Versailles. Ce Portrait pourrait être celui de Lucrece Crivelli, que Leonard fit à Milan.

**106.** *La fille d'Hérodias recevant la tête de Saint Jean.*

Salomé, fille d'Hérodias, vue à mi-corps, reçoit dans un bassin la tête sanglante de Saint Jean-Baptiste que lui Présente le bourreau dont on n'aperçoit que la main. Un mouvement naturel lui fait détourner la tête; mais on voit dans ses traits la joie féroce qu'elle se fait de porter à sa mère cet horrible présent.

Ce Tableau, sur bois, a 23 pouces de haut, sur 19 pouces. Les Figures sont de grandeur naturelle. Il vient de Versailles. Il est attribué à Léonard; mais le catalogue de Lépicié n'en faisant pas mention, il est probable qu'il est de Luini, ou de quelqu'autre de ses élèves.

## LUINI (Bernardino) *né à Milan,* *fleurissait vers 1540.*

Il étudia d'abord sous Andrea Scotto, puis sous Léonard de Vinci, dont il a été le disciple le plus habile ; il en imita si bien la manière, que souvent ses ouvrages ont passé pour être du maître : le Musée national n'en possédait aucun.

**107.** *La Sainte-Famille.*

La Vierge assise sur les genoux de Sainte Anne, tient dans ses bras l'enfant Jésus qui caresse le petit Saint Jean, et lui donne sa bénédiction. Saint Joseph admire en silence cette union du Messie et du Précurseur, et Sainte Anne l'a fait observer à la Vierge.

Ce Tableau, sur bois, a de hauteur 3 pieds 7 pouces, sur 2 pieds 10 pouces. Les Figures sont de grandeur naturelle. Il vient de la Bibliothèque ambroisienne, à Milan.

**108.** *Le petit Saint Jean.*

Le petit Saint Jean, nud et vu à mi-corps, joue avec son agneau ; il lui passe la main gauche sous le col, et de la droite lui prend l'oreille comme pour l'embrasser.

Ce Tableau, sur bois, a 11 pouces de haut, sur 9 pouces 4 lignes. La Figure est de grandeur naturelle. Il est tiré de la Bibliothèque ambroisienne, à Milan.

# MAZZOLA ( Girolamo ) *né à Parme, fleurissait vers* 1550.

Il était cousin et éleve du célebre Francesco Mazzola, dit *le Parmesan*, dont il a cherché à imiter le style. Ses ouvrages sont rares, et le Musée n'en possédait pas.

109. *L'Adoration des Mages.*

La Vierge assise tient sur ses genoux l'enfant Jésus qui reçoit les hommages des Rois Mages. L'un d'eux, vêtu de brocart d'or, est déjà prosterné à ses pieds et lui offre un grand vase qu'un Jeune page, placé sur le devant, remet à deux Anges qui sont derrière la Vierge : sur la droite les deux autres Mages accompagnés de leurs Ecuyers, se préparent à faire leur offrande, et derrière eux on aperçoit leur nombreuse suite à cheval.

Ce Tableau, sur bois, a de hauteur 9 pieds 1 pouce, sur 6 pieds 2 pouces. Les Figures sont de grandeur naturelle. Il vient de Parme. Il était ci-devant au maitre-autel de la Chartreuse, d'où il avait été transporté dans les salles de l'Académie du Dessin.

MOLE (Pietro Francesco Mola, dit le ) *né à Coldrè, dans le Mila-nez, en 1621, mort à Rome en 1666.*

Il étudia d'abord à Rome, sous le Josepin ; puis à Bologne, sous l'Albane, et enfin à Venise, d'après les ouvrages du Titien et du Bassan. Il a excellé dans le Paysage

110.   *La Prédication de Saint Jean.*

Assis dans le Désert au pied d'un bouquet d'arbres que baignent les eaux du Jourdain, Saint Jean prêche la pénitence à un groupe de personnes de tout sexe et de toutes conditions accourues pour l'entendre ; il leur montre dans le lointain Jésus-Christ dont il est le Précurseur, et semble leur dire : *Voici l'agneau de Dieu, voici celui qui efface les péchés du monde.*

Ce Tableau, sur toile, a 4 pieds 11 pouces de haut, sur 3 pieds 8 pouces. Les Figures ont 30 pouces de proportion. Il vient de Versailles, et originairement de la collection du Prince de Carignan. Il a été gravé par Pietre-Sante.

———

MORE ( Francesco Torbido, dit le) *né à Vérone en 1470.*

Il fut d'abord élève du Giorgion ; puis de Libéral, de Vérone, qui le prit en amitié, et le fit son héritier. Il a excellé dans le Portrait.

**111.** *Le Nain de Charles-Quint.*

Charles-Quint avait à sa cour un Nain dont il s'amusait et qu'il avait créé chevalier : il est représenté ici en pied, *de grandeur naturelle,* et dans son habit de cérémonie, qui est noir et tout chamarré d'or. Il a au col une chaîne d'or, une grande épée au côté, et une masse d'armes dans la main droite ; il appuie la gauche sur un grand chien d'Espagne qui est debout à côté delui.

Ce Tableau, peint sur bois, a 3 pieds 8 pouces de haut, sur 2 pieds 9 pouces. Il vient de Versailles (*).

---

**PALME**, le vieux ( Giacomo Palma, dit ) *né près Bergame en* 1548, *mort en* 1596.

Élève du Giorgion et du Titien.

**112.** *La Sainte-Famille.*

Au centre et sur un plan élevé, la Vierge tient dans ses bras l'enfant Jésus. A droite est Saint Joseph et Sainte Elizabeth qui lui pré-

---

(*) Quelques Artistes attribuent ce Portrait à Ant. Maro, Peintre de Portraits, né à Utrecht en 1518, qui travailla beaucoup pour Charles V.

sente le petit Saint Jean : à gauche la Madelaine offrant un vase de parfums, Saint Antoine de Padoue, à genoux en médiation, et sur le devant Saint Antoine Hermite assis lisant un livre ; le fonds offre un paysage et des ruines.

Ce Tableau, sur bois, a 4 pieds 8 pouces de haut, sur 6 pieds 3 pouces. Les Figures ont 4 pieds de proportion. Il vient de Versailles, et a été gravé par Picard le Romain.

PARMESAN ( Francesco Mazzola, dit le ) *né à Parme en 1503, mort en 1580.*

Il commença l'étude de son art chez deux de ses oncles, et se perfectionna sous le Correge, dont il a imité la grâce et la facilité.

113. *Sainte Marguerite et la Vierge.*

La Vierge assise présente l'enfant Jésus à Sainte Marguerite pour le caresser ; celle-ci, qu'on voit agenouillée sur le devant, lui passe affectueusement la main sous le menton comme pour le baiser : à droite Saint Benoît, Abbé, la mitre en tête, est en adoration, et derrière la Vierge on voit un Ange avec Saint Jérôme tenant un crucifix. Le fonds est un paysage.

Ce Tableau, peint sur bois, a 6 pieds 10 pouces de haut, sur 4 pieds 6 pouces de large. Les Figures sont de grandeur naturelle. Il vient de l'église des religieuses de Sainte-Marguerite, à Bologne. On ne connaît pas sa date d'une manière précise; il est certain seulement qu'il était déjà placé dans cette église au mois d'août 1529, parce qu'à cette époque les Giusti ayant fait construire une chapelle, obtinrent des religieuses ce Tableau pour l'y placer, moyennant une maison qu'ils donnèrent au monastère. Il s'en voit à Rome, dans la galerie du Conétable Colonne, une copie, qu'on donne pour un original. Lépicié, dans son catalogue, fait mention du même sujet, peint sur bois, en petit, et qui doit exister à Versailles. Il y a aussi, parmi les Dessins du Musée, une étude de la *Sainte-Marguerite*, dessinée à la pierre noire et rehaussée de blanc. Ce Tableau a été gravé, avec des différences, par Jules Bonasone.

114. *La Vierge, l'enfant Jésus et le petit Saint Jean.*

Assise auprès d'une source, la Vierge tient sur ses genoux l'enfant Jésus. Il embrasse avec transport le petit Saint Jean qui répond à ses caresses, et Saint Joseph s'entretient avec Sainte Elizabeth de cette Sainte union du Messie et de son Précurseur. Le fonds est un paysage.

Ce Tableau, peint sur bois, a 14 pouces de hauteur, sur 1 pouces 6 lignes de largeur. Les Figures ont 8 à 9 pouces de proportion. Il vient de Versailles, et a été gravé par Corneille Bloemart.

**115.** *La Sainte-Famille.*

Au milieu d'un frais verger, la Vierge assise sur une chaise, tient entre ses genoux l'enfant Jésus au quel les Anges viennent offrir des fruits ; tandis que trois d'entre eux lui apportent une énorme corbeille de raisins, d'autres grimpés sur des ceps, sont occupés à en cueillir ; Sainte Anne appuyée sur la chaise, et Saint Joseph, regardent avec complaisance cette agréable scène.

Ce Tableau, actuellement sur toile, paraît avoir été autrefois sur bois ; il a 25 pouces de haut, sur 19 de large. Il est tiré de Versailles. Il est attribué au Parmesan, mais il pourrait bien n'être que de son école.

———————

**PERRIN del Vague** ( Pierino Buonacorsi, dit ) *né à Florence en 1500, mort à Rome en 1547.*

De l'école du Ghirlandaio, il passa à celle du Vaga, Peintre Florentin, d'où il prit le

nom de *Pierino del Vago*. Raphaël le prit
en suite au nombre de ses élèves, et l'employa
beaucoup dans ses travaux, spécialement dans
les loges du Vatican.

**116.**   *Le Défi des Muses et des Piérides.*

Les Piérides, filles de Piérus,
Roi de Macédoine, étaient neuf
sœurs qui excellaient dans la musique et la poësie : fières de leur
nombre et de leurs talens, elles
osèrent aller sur le Parnasse porter
le défi aux Muses et disputer avec
elles le prix de la voix ; mais
ayant succombé dans cette lutte,
Apollon les changea en pies en
leur laissant leur démangeaison de
parler. Le moment représenté par
le peintre, est celui du défi. En
bas et sur les bords de l'Hypocrène, qui coule du Parnasse, on
voit, à gauche, le grouppe des
*neuf muses* avec les attributs divers
qui les caractérisent, et à droite
celui des *neuf Piérides* : tandis
que l'une des Muses, en avant de
ses compagnes, improvise et unit
à sa voix les accords de sa lyre,
l'une des Piérides, détachée de ses
sœurs, chante aussi en s'accom-

pagnant du *timpanum*. Sur le sommet du Parnasse on voit l'assemblée des Nymphes de la contrée, et les Dieux du Permesse choisis pour arbitres du différend, et au milieu deux Apollon et Minerve debout prêts à prononcer le jugement.

Ce Tableau, autrefois sur bois, a été remis sur toile; il a 11 pouces de hauteur, sur 23. Il vient de Versailles. Quoiqu'il ait toujours été attribué à Perrin del Vague, et que sa manière ne permette pas d'en douter, il est bon d'observer cependant qu'il y a une Estampe gravée par *Æneas Vicus*, d'après un Dessin du Rosso, et dont la composition est la même que celle de ce Tableau.

---

## PERUGIN (Pietro Vannucci, dit le) né à Pérouse en 1446, mort en 1524.

Après avoir appris les premiers élémens à Pérouse, il passa Florence, à l'école d'André del Verrochio. Il y travailla beaucoup, ainsi qu'à Assise, à Rome et dans sa patrie, ou, de retour, il ouvrit une école, d'où sortit *Raphaël*. L'honneur d'avoir eu un tel disciple suffirait à sa gloire, si d'ailleurs on ne reconnaissait dans ses ouvrages le germe des qualités qui ont distingué Raphaël.

### 117. *La Vierge, Saint Jérôme et Saint Augustin.*

Au milieu d'un Portique d'architecture, la Vierge assise sur un piédestal, tient sur ses genoux l'en-

fant Jésus qui se tourne affectueusement vers Saint Jérôme qu'on
voit debout à sa droite, et tenant
à sa main un volume de ses écrits :
du côté opposé est Saint Augustin
aussi en pied, la mitre en tête et
la crosse à la main.

Ce Tableau, peint sur bois, a 5 pieds 7
pouces de haut, sur 5 pieds. Les Figures sont
de petite nature. Il vient de l'église des Augus-
tins, à Crémone. Il a été peint en l'année
1494, ainsi que le témoigne l'inscription suivante, qu'on lit sur le socle qui porte la
Vierge :

PETRVS PERVSINVS PINXIT M. CCCC. LXXXIIII.

---

**PIETRE** de Cortone ( Pietro Ber-
rettini, dit ) *né à Cortone en* 1596,
*mort en* 1669.

Après avoir eu pour premier maître Andrea
Commodi, à Florence, il vint à Rome, où
il acheva de se former par l'étude des grands
maîtres, et sur-tout de Polidore.

18. *La Nativité de la Vierge.*

La Vierge qui vient de naître,
est sur les genoux de sa nourrice
a qui une femme donne des bandes
pour l'envelopper tandis qu'une
jeune fille soutient la tête de
l'enfant qui est couronnée d'étoiles.

A la gauche et sur le dernier plan, on aperçoit Sainte Anne dans son lit, et une servante qui lui présente des œufs.

Ce Tableau, peint sur tolle, a 5 pieds 1 pouce de haut, sur 3 pieds 8 pouces de large. Les Figures sont de petite nature. Il vient de Versailles.

---

# PONTORME ( Giacomo Carucci, dit le ) *né à Puntormo en Toscane, en 1493, mort à Florence en 1556.*

Il eut successivement pour maîtres Léonard de Vinci, Mariotto Albertinelli, Pietro di Cosimo, et enfin André del Sarte, qu'il quitta à 19 ans, pour travailler seul.

### 119. *Le Portrait d'un Graveur.*

Il est vu à mi-corps la tête presque de face et couverte d'un bonnet, ou chapeau noir; son habit est d'une étoffe brune; de la main droite il tient un burin, et sur sa table est un *coin*; ce qui, fait voir que cet artiste, dont on ignore le nom, était graveur de monnaies ou de médailles.

Ce Tableau, sur bois, a 2 pieds 1 pouce de hauteur, sur 19 pouces de large. Il a été tiré de Versailles.

---

PROCACCINI

## PROCACCINI ( Camille ) né à Bologne en 1546, mort à Milan en 1626.

Il était frère aîné de Jules César, et fils d'Hercule Procaccini, qui lui donna les premiers élémens de l'art. Après avoir long-tems rivalisé à Bologne avec les Carraches, Camille se retira avec son père et ses frères à Milan, où ils fondèrent une école célèbre.

120. *La Vierge, Saint Georges et plusieurs Saints.*

La Vierge assise sur un trône élevé, tient l'enfant Jésus ; à ses pieds on voit, à gauche, Saint Georges debout en habit guerrier et tenant son épée : à droite Saint Jérôme à genoux accompagné de son lion, et derrière lui Saint François une croix à la main.

Ce Tableau, peint sur toile, a de haut 9 pieds 6 pouces, sur 5 pieds 10 pouces. Les Figures sont de grandeur naturelle. Il vient de la galerie de Modène.

## PROCACCINI ( Jules-César ) né à Bologne en 1548, mort à Milan en 1626.

Il fut, ainsi que son frère aîné Camille, élève de son père Hercule Procaccini, et long-tems rival des Carraches, après quoi il

E

el'a, en 16:9, à Milan fonder, avec ses frères, une école, dont il devint le chef. S'il a eu moins de résolution que son frère Camille, son style, en général, est plus correct et plus étudié. Il était peu connu en France.

**121.** *Saint Sébastien.*

Saint Sébastien condamné par Dioclétien à périr à coups de flèches, et laissé pour mort, est sauvé par les Anges qui s'empressent à le secourir. L'un, sur le devant, ramasse l'arc qui a servi à son supplice ; l'autre retire avec délicatesse une flèche qu'il a reçue dans la jambe ; un troisième en tient une qu'il a ôtée du bras : deux autres enfin lui apportent la palme du martyre.

Ce Tableau, peint sur bois, a de hauteur 8 pieds 8 pouces, sur 4 pieds 2 pouces de largeur. Il vient de l'église de Saint-Celse, à Milan.

———————

**RAPHAEL** ( Sauzio ) *né à Urbin le Vendredi saint de l'année* 1483, *mort à Rome à pareil jour en* 1520, *âgé de* 37 *ans.*

Georges Sauzio, son père, après lui avoir enseigné les premiers élémens de l'art, l'envoya à l'école du Pérugin ; il alla ensuite à Florence et à Rome, où l'étude de l'antique

et la vue des ouvrages de Michel-Ange ache-
verent d'en faire le premier Peintre du monde.

122. *Sainte Cécile.*

Debout au milieu du tableau et
les yeux fixés au ciel, Sainte Cécile
paraît écouter avec ravissement un
concert d'Anges qui unissent leurs
voix pour chanter les louanges du
Seigneur : frappée de la supériorité
de la mélodie céleste, les bras lui
tombent, et l'instrument qu'elle a
dans sa main est prêt à lui échapper
comme les autres qui déjà sont
épars à ses pieds. A sa droite on
voit Saint Paul appuyé sur son
épée, et enseveli dans la plus profonde méditation; du côté opposé
la Madeleine portant un vase de
parfums, et sur le dernier plan,
Saint Jean l'Evangéliste et Saint
Augustin.

Ce Tableau, peint sur bois, a 7 pieds 5
pouces de haut, sur 4 pieds 6 pouces de large.
Les Figures sont de grandeur naturelle. Il a
été tiré de l'église de Saint-Jean *in monte*, à
Bologne, où il se voyait dans la chapelle des
Bentivogli, qui est la septième à gauche.
Raphaël le peignit à Rome vers l'an 1513, pour
le Cardinal Lorenzo Pucci, Grand-Pénitencier,
et lorsqu'il l'eut terminé, il l'adressa à Bologne,
au Francia, son ami, afin qu'il le fit mettre

en place à Saint-Jean in monte. Vasari, Borghini, et beaucoup d'autres après eux, ont répété que la vue de ce Tableau causa tant d'étonnement et de chagrin au Francia, qu'il en mourut; mais c'est une fable démentie par le fait; puisqu'en 1522, c'est-à-dire, 9 ans après l'arrivée de la Sainte-Cécile à Bologne, le Francia peignait encore le *Saint-Sébastien* qui se voit à la Monnaie. Les instrumens de musique qu'on voit au bas du Tableau ont été peints avec une grande vérité par Jean d'Udine. Marc-Antoine a gravé cette composition, mais d'après un dessin; ce qui fait qu'il y a beaucoup de différence de l'Estampe au Tableau. Depuis, Jules Bonasone, Strange et d'autres l'ont gravée telle qu'elle est. Entre les nombreuses copies qui ont été faites de ce chef-d'œuvre, on distingue celle qui est à Rome, à Saint-Louis des Français, exécutée par le Guide; et parmi les poésies qu'il inspira lorsqu'il parut, le distique suivant, rapporté par Vasari :

Pingant sola alii, referantque coloribus ora
Ceciliæ os Raphael atque animum explicuit.

### 123. *Jésus-Christ dans sa gloire, avec Saint Paul et Sainte Catherine.*

Connu en Italie sous le nom des *Cinque Sancti.*

Jésus-Christ rayonnant de gloire est assis dans les cieux sur un grouppe de nuages supportés par des Anges et des Chérubins : à ses côtés sont la Vierge en adoration et Saint Jean-Baptiste qui, du doigt, montre celui dont il a été le Précurseur. Au-dessous on voit

Saint Paul debout tenant son épée, et du côté opposé Sainte Catherine à genoux appuyée sur sa roue, et tenant la palme de son martyre; à ses pieds sont ses joyaux et sa Couronne. Le fond représente un paysage.

Ce Tableau, peint sur bois, a 3 pieds 9 pouces 9 lignes de hauteur, sur 3 pieds 1 pouce de largeur. Les Figures ont 15 pouces de proportion. Il vient de Parme, et se voyait au maître-autel de l'église des religieuses de Saint-Paulo. Ceux qui tiennent pour certain que le Corrège n'alla jamais à Rome, prétendent, avec beaucoup de vraisemblance, que c'est à la vue de ce Tableau de Raphaël, qu'il a pu voir à Parme, que ce grand maître, auteur de si vastes machines, a pu dire ce mot si connu : *Anche io son Pittore!* et moi aussi je suis Peintre! Marc-Antoine a gravé cette composition d'après un dessin que Raphaël en avait fait avant le Tableau, dans l'exécution duquel il a fait beaucoup de changemens et additions à sa première pensée. On a voulu arguer de ces différences entre l'Estampe de Marc-Antoine et le Tableau, que celui-ci n'était pas de la main de Raphaël, mais exécuté, d'après son Dessin, par un de ses disciples ; mais ce serait le contraire précisément qu'il faudrait en inférer ; car un élève qui exécute un dessin de son maître, le copie scrupuleusement, et ne se permet pas d'y rien changer, encore moins d'y ajouter : autremen , il faudrait dire aussi que la *Sainte-Cécile* n'est pas de la main de Raphaël, parce que l'Estampe qu'en a gravée Marc-Antoine est fort différente du Tableau. La seule chose qui serait à expliquer, est une espèce d'A qui *paraît* avoir été mis

E 3

comme marqué au bas du Tableau, et se trouve
actuellement caché sous la feuillure du cadre.

### 124. L'enfant Jésus caressant le petit Saint Jean.

Au milieu d'un paysage la Vierge
assise tient dans ses bras l'enfant
Jésus ; il est debout, et sort de son
berceau pour accueillir et caresser
le petit Saint Jean que Sainte
Elizabeth lui présente. La Vierge
contemple avec satisfaction, cette
Sainte et mystérieuse union du
Messie et de son Précurseur.

Ce Tableau, peint sur bois, a 14 pouces de
hauteur, sur 11 pouces de largeur. Les Figures
ont 8 à 9 pouces de proportion. Il a été récemment tiré de Versailles. Il appartenait à M.
Loménie de Brienne, lorsque Louis XIV le
fit acheter. Félibien croit qu'il a été apporté
en France par Adrien Gouffier, Cardinal de
Boissy, à qui Raphaël l'avait donné en recon-
naissance des bons services qu ce prélat lui
avait rendus auprès de François Ier. Il ajoute
que le Duc de Mazarin en avait eu un sem-
blable du Marquis de Fontenai-Marcuil, Am-
bassadeur auprès d'Urbain VIII, et que ce
Ministre, persuadé par le Chevalier del Pozzo,
l'avait acheté à Rome comme l'original d'après
lequel le Tableau du Roi aurait été copié
par Jules Romain. Enfin, Félibien prétend que
ni l'un ni l'autre de ces Tableaux n'a été point
par Raphaël ; que tous les deux ont été peints
par ses élèves, d'après ses Dessins ; mais que
celui du Roi a été retouché et fini par
Raphaël.

125. *L'Abondante.*

Dans une niche ornée d'une coquille et revêtue de compartimens de marbre variés, on voit la statue de l'Abondance, figurée par une femme drapée appuyée sur une urne, et tenant une corne remplie de fruits. Au dessous est un mascaron propre à jeter de l'eau.

Cette figure, qui paraît avoir été faite pour le modèle d'une fontaine, est peinte en grisaille, sur bois; le panneau a 14 pouces de haut, sur 11 pouces 6 lignes. Elle a été tirée de Versailles. Le nom de RAPHAEL URBINAS, qui est écrit au bas, a engagé à ranger cet ouvrage parmi ceux de Raphaël; mais il pourrait bien être de Jules Romain, comme le veut Lepicié; ou de quelqu'autre de ses disciples.

---

## SALVATOR ROSA, *né à Naples en 1615, mort en 1673.*

Après avoir appris les premiers élémens chez Aniello Falcone, il passa à l'école de Lespagnolet, puis à Rome, où il étudia long-tems, et enfin à Florence.

126. *Les Ames du Purgatoire.*

Des bienheureux de tout âge et de tout sexe, purifiés par les flammes du Purgatoire, demandent à la Vierge, qui leur apparaît avec l'enfant

Jésus, la cessation de leurs souffrances, et aussitôt, par son ordre, des Anges viennent les délivrer.

Ce Tableau, peint sur toile, a 8 pieds 10 pouces de hauteur, sur 5 pieds 8 pouces de largeur. Les Figures sont de grandeur naturelle. Il vient de Milan, où il se voyait dans l'église *delle Case Rotte*.

127. *L'Ombre de Samuel.*

A la prière de Saul, la Pythonisse évoque l'ombre de Samuel qu'on aperçoit à droite revêtue d'une longue draperie blanche, de l'autre côté et sur le premier plan, Saul cuirassé est prosterné aux pieds de l'ombre du prophête, et le consulte sur l'issue de la guerre qu'il soutient contre David.

Ce Tableau, peint sur toile, a 7 pieds 11 pouces de haut, sur 6 pieds de large. Les Figures sont de grandeur naturelle. Il a été tiré de Versailles.

———

SCHIDONE ( Bartolomeo Schedoni, dit le ) *né à Modène en 1550, mort en 1615.*

Il fut élève des Carraches, mais ne suivit pas leur manière; il chercha celle du Correge, et l'a teignit d'assez près, pour que ses ouvrages, qui sont en petit nombre et très-rares, soient quelquefois attribués à ce grand maître. Le Musée n'en possédait pas.

**128.** *Le Christ au Tombeau.*

Le corps du Christ, prêt a être enseveli est posé sur le bord du Sépulchre. tandis que Saint Jean et Joseph d'Arimathie le prenent par les bras et la partie supérieure, la Madeleine agenoullée soulève les pieds pour aider à le déposer dans le Sépulchre. La Vierge, l'une des Maries et Nicodème en pleurs, assistent à ce triste spectacle.

Ce Tableau, peint sur toile, a 7 pieds 9 pouces de haut, sur 5 pieds 7 pouces de large. Les Figures sont de grandeur naturelle. Il vient de Parme, où il était conservé, avec le Saint-Jérôme du Correge, dans les salles de l'Académie de Dessin.

---

## SOLARIO (Andrea) *né à Milan*

Il fut élève et favori de Léonard de Vinci, qui lui apprit les secrets de son art, au point que souvent ses Tableaux ont passé pour être du maître; ils sont extrèmement rares. André Solario est le même que les auteurs ont désigné sous le nom de *Salaï*, *Salaino* et *Sulario.*

**129.** *La Vierge allaitant l'enfant Jésus.*

La Vierge coiffée d'un voile blanc, tient de la main droite l'enfant Jésus qui est couché sur un coussin de couleur verte, et de

E 5

l'autre elle lui présente le sein qu'il saisit avec appétit. Le fonds représente un paysage ; au bas est écrit *Andreas de Solario, Fa.*

Ce Tableau, peint sur bois, a 1 pied 10 pouces de haut, sur 1 pied 6 pouces 6 lignes de largeur. Les Figures sont de petite nature. Il vient de Versailles. Il a été acheté à l'inventaire du Prince de Carignan, qui l'avait acquis du Duc de Mazarin.

---

## SPADA ( Leonello ) *né à Bologne en 1576, mort à Parme en 1622.*

Employé d'abord à broyer les couleurs dans l'atelier des Carraches, il devint bientôt un de leurs meilleurs élèves ; puis, étant allé à Rome, il s'unit étroitement avec le Caravage, dont il chercha à imiter le coloris. Ses ouvrages, qui ont beaucoup de mérite, n'étaient guères connus en France ; le Musée national n'en possédait aucun.

130. *Saint François offrant des fleurs à Jésus-Christ.*

Saint François étant en méditation aux pieds de l'autel, tombe en extase, et dans son ravissement il voit Jésus-Christ lui apparaissant avec la Vierge au milieu d'une Gloire, et leur présente des fleurs qu'un Ange vient de lui apporter, et lui assure devoir leur être agréable. Des chœurs d'Ange placés aux deux côtés du Saint, et formant un concert de voix et d'instrumens, terminent cette gracieuse composition.

Ce Tableau, qui e t peint sur toile et ceintré par le haut, a 10 pieds 8 pouces de hauteur, sur 6 pieds 5 pouces de largeur. Les Figures sont de grandeur naturelle. Il vient de la galerie de Modène, et originaire ent de Reggio. où il e vo ait dans l'église de la *Madonna della Ghiara*, à la chapelle Biami, qui est la première à Gauc e. Malvasia rapporte que Leon llo Spada s'étant vanté d'avoir, dans ce Tableau, rendu d'une manière inimitable l'extase de Saint François, le Tiarini, son rival, qui était aussi occupé à peindre dans la même église, voulut faire voir qu'il savait autant que lui exprimer l s affections de l'a e et peignit, dans la chapelle du Pagani, qui est en face de celle-ci, un *Saint-François recevant l'Enfant-Jésus des mains de la Vierge, et s'évanouissant de plaisir entre les bras d'un Ange.*. Sur l'une des marches de l'aut l, on voit u e épée ( en i alien *spada* ) tra ersée d'une I., chiffre dont Leonello Spada se servait pour signer s s ouvrages.

131. *La Décolation de Saint Christophe.*

Saint Christophe, dépouillé de ses vêtemens et agenouillé, est prêt à consommer son martyre. Tandis que l'un des bourreaux tient la corde qui lui lie les mains, un autre debout tire l'épée dont

E 6

il va le frapper. Dans le haut on
voit un Ange apportant au Saint
la palme du martyre.

Ce Tableau, peint sur toile, a 9 pieds 5
pouces de hauteur, sur 6 pieds 1 pouce de
largeur. Les Figures sont de grandeur nature le. Il vient de Modène On voit au bas
du Tableau une épée ( en italien *spada* ) tra-
versée d'une L, chiffre dont se servait Leonello
Spada pour signer ses ouvrages.

132.  *La Chasteté de Joseph.*

La femme de Putiphar, assise
sur son lit, à demi-nue, presse
Joseph de se rendre à ses désirs,
et le prend par ses vêtemens pour
l'arrêter ; mais celui ci se débarasse
d'elle et s'échappe en laissant son
manteau, dont elle se sert ensuite
pour l'accuser auprès de son mari.

Ce Tableau, peint sur toile, a 5 pieds 6
pouces de hauteur, sur 4 pieds 5 pouces. Les
Figures sont de grandeur naturelle. Il vient
de la galerie de Modène.

133.  *Le Retour de l'Enfant prodigue.*

Fatigué de l'état de misère où
l'a réduit sa mauvaise conduite,
l'Enfant prodigue prend le parti
de retourner à la maison pater-
nelle : couvert de haillons, presque
nud, un seul bâton à la main il

se présente à son père et implore sa clémence. Celui-ci touché de l'état où il voit ce fils chéri l'accueille avec bonté, le couvre de son manteau et lui pardonne ses erreurs.

Ce Tableau, peint sur toile, a 4 pieds 3 pouces 6 lignes de hauteur, sur 3 pieds 8 pouces 6 lignes de largeur. Les demi-Figures sont de grandeur naturelle. Il vient de Modène.

## TIARINI ( Alessandro ) *né à Bologne en 1577, mort en 1668.*

Lavinia Fontana lui montra les premiers élémens du Dessin, et Prospero Fontana ceux de la Peinture, après la mort duquel il passa à l'école de Bartolomé Cesi ; il alla ensuite à Florence se perfectionner sous le Passignano. Le Tiarini est un de ces maîtres qui méritaient d'être plus connus en France ; sa manière est grande, son coloris ferme et vigoureux ; il a brillé sur-tout dans l'art bien rare de rendre les diverses affections de l'ame ; ce qui lui a valu le surnom d'*Expressif*. Le Musée national n'avait pas de ses Tableaux.

134. *Le Repentir de Saint Joseph.*

Saint Joseph rassuré en songe sur la pureté et l'innocence de son épouse, est amené par l'Ange aux pieds de la Vierge pour lui demander pardon des soupçons qu'il avait conçus sur sa grossesse, et du projet qu'il avait formé de la renvoyer : celle-ci le relevant d'une main, paraît lui pardonner ce mouvement de jalousie, et lui montre le ciel, comme pour lui faire connaître que ce miracle a été fait par l'opération du Saint-Esprit. Un Ange (le même sans doute qui lui est apparu en songe) placé derrière Saint Joseph, le doigt sur la bouche, recommande le plus grand secret à d'autres Anges qu'on aperçoit dans le lointain. Le fonds représente un portique d'architecture.

Ce Tableau, peint sur toile, a 9 pieds 10 pouces de hauteur, sur 6 pl. de 7 pouces de largeur. Les Figures sont de grandeur naturelle. Il vient de l'église des *Mendicanti*, à Bologne, où il se voyait à la première chapelle à droite. Louis Carrache, au dire de Malvasia, ne pouvait se lasser d'admirer la belle composition, l'exécution, et sur-tout l'expression de ce Tableau.

235. *Le Mariage de Sainte Catherine.*

La Vierge assise, avec l'enfant Jésus sur ses genoux, tient embrassée Sainte Catherine à laquelle l'enfant Jésus met au doigt l'anneau signe de l'alliance qu'ils contractent. Saint Joseph assiste à cette pieuse cérémonie, ainsi que le petit Saint Jean, Saint François, Saint Michel et Saint Charles Borromée.

Ce Tableau, peint sur cuivre, a 8 pouces 6 lignes de haut, sur 10 pouces 4 lignes de large. Les demi-Figures ont un pied de proportion. Il vient de Modene.

---

**TINTORET** ( Giacomo Robusti, dit le ) *né à Venise en* 1512, *mort en* 1594.

Elève du Titien.

136. *Un Portrait d'homme.*

Il représente un vieillard, à mi-corps, vu de face, la tête découverte avec les cheveux courts et la barbe longue, il est vêtu d'une toge noire bordée d'une fourrure.

Ce Tableau, sur toile, a 1 pied 11 pouces de haut, sur 1 pied 6 pouces. Il vient de Versailles. On lit au haut du Tableau : *Jacobus Tintorettus Pictor Venetus* ; et plus bas, à côté de l'épaule, *ipsius se.* Ce qui donnerait à entendre que ce Portrait serait celui du Tintoret, peint par lui - même ; mais ces inscriptions paroissent avoir été ajoutées très-postérieurement au Tableau.

## TITIEN (Tiziano Vecellio, dit 'e )
*né à Cadore dans le Frioul Véni-*
*tien, en 1477, mort à Venise en*
*1576.*

Il fut successivement élève des deux frères
Genti! et Jean B lliu, que l'on peut r garder
comme les patriarches de l'é;o'e vénitienne ;
il s'attacha ensuite à la manière du Giorgion;
qu'il a surpassé de beaucoup.

137. *Le Couronnement d'épines.*

Le Christ un roseau à la main,
dépouillé de ses vêtemens et couvert seulement d'un manteau
d'écarlate qu'on lui a mis par déri-
sion, est assis sur les degrés du
Prétoire, et salué Roi par les
Juifs. Tandis qu'un des soldats
placé sur le devant, et vu par le
dos, lui tient les mains liées,
d'autres lui crachent au visage,
le frappent de leurs roseaux, et
lui font entrer de force dans la tête
une couronne d'épines. La scène
se passe dans la cour du Prétoire
qui est d'une architecture rustique
à bossages ; et au-dessus de la porte
de la prison on voit le buste de
Tibère avec ces mots *Tiberius*

*Cæsar*, placé là par le peintre pour indiquer que c'est sous le règne et par l'ordre de cet empereur que Jésus-Christ a été crucifié. Au bas du tableau, sur une marche, on lit *Titianus. F.*

Ce Tableau, peint sur bois, a 9 pieds 4 pouces 9 lignes de hauteur, sur 5 pieds 9 pouces 8 lignes. Les Figures sont de grandeur naturelle. Il vient de Milan, où il faisait le plus bel ornement de l'église des Dominicains, dite *dalle Grazie*. Voici ce qu'en dit Mengs, dans une de ses lettres, où il rend compte d'un voyage qu'il fit à Milan en 1774 : « Je » me suis arrêté quelques jours à Milan, pour » y voir les peintures, et particulièrement » le carton de l'école d'Athènes, qui est à » la bibliothèque ambroisienne ; j'ai trouvé » quelques morceaux de Gaudenzio Ferrari, » qui m'ont fait plaisir ; mais sur-tout j'ai » été frappé de l'admirable Tableau du Couron- » nement, depuis du Titien, qui est un de ces » ouvrages qui caractérisent ce grand maître pour » un des patriarches de la Peinture. »

---

## JEAN BREUGHEL, dit Breughel de velours, *né à Breughel près Breda, en 1575, mort en 1642.*

Disciple de son père, Pierre Breughel, dit le Vieux, il s'attacha d'abord à peindre des Fleurs et des Fruits ; puis il passa en Italie, où les beaux sites de cette contrée achevèrent de former son talent. Il joignit alors à cet et de celle de la Figure et des Animaux, et ne peignit plus de Fleurs et de Fruits que

comme d'agréables accessoires. Ses ouvrages,
qu'il finissait avec autant de soin que de goût,
sont très-recherchés.

# LES QUATRE ELEMENS.

138. *L'Air.*

Sur la cime d'une montagne
très élevée, et de laquelle on dé-
couvre un pays immense, Uranie,
portée sur un nuage, tient une
sphère d'une main et de l'autre un
oiseau ; à ses côtés le Génie de
l'optique, observe avec le télescope
le Soleil et la Lune qui, sur leurs
chars, apparaissent dans les cieux.
Autour de ce groupe sont ras-
semblés des oiseaux de toutes les
formes, de tous les plumages
et de tous les climats, et sur le
devant on voit les Génies de *l'As-
tronomie* entourés des instrumens
de cette science, parmi lesquels
on distingue une planchette sur
laquelle *Breughel* a écrit son nom,
avec la datte de 1621.

139. *La Terre.*

Dans un verger délicieux, par
lequel le peintre a voulu figurer *le*

*Paradis terrestre*, et qui présente les fruits et les fleurs de tous les climats et de toutes les saisons, on voit épars les oiseaux, les animaux, les quadrupèdes, et même les insectes de toute espèce, depuis l'éléphant jusqu'au papillon qu'on aperçoit, à gauche, sur le devant, suçant une fleur de fraisier. Au fond d'un agréable vallon on remarque Adam et Eve se promenant avec Dieu qui leur montre l'arbre de la *science* et leur défend d'y toucher.

140. *L'Eau.*

Assis au pied d'un groupe d'arbres et de plantes aquatiques, un Fleuve et une Nayade épanchent leurs eaux de leurs conques qui vont se réunir aux ondes de l'Océan, dont le rivage n'est pas éloigné. Autour d'eux est un amas prodigieux de poissons, coquillages et oiseaux aquatiques, soit de mer, soit de rivière. Deux enfans qu'on voit à gauche, recueillent, l'un un homard, l'autre une tortue, et plus loin un Amour, armé d'un arc, s'amuse à faire la chasse aux castors. Le fonds offre l'immense étendue au bord de l'Océan, avec des baleines et autres cœtacées.

141. *Le Feu.*

Dans un édifice à demi ruiné, et qui rappelle l'idée du *Colisée* de Rome, on voit des forges, des fourneaux, des fonderies de canon et autres usines que le *Feu alimente ou met en action*. Sur le devant sont représentés dans le plus grand détail, *les produits de ces mêmes usines ;* savoir : à gauche des vases d'or, d'argent et de pierres précieuses, des émaux, verreries etc.; au milieu, des casques, des cuirasses et armures de toute espèce ; et sur la droite des alambics, des cornues et autres ustensiles de chimie avec les drogues et préparations auxquelles ils servent ; enfin dans le paysage du fonds, qui offre le site de *Tivoli*, le peintre a représenté des incendies et autres *accidens causés par le*

*Feu*, avec la tentation de Saint Antoine. On voit le nom de Breughel, avec la datte de 1608, sur une table qui est à gauche sur le devant.

Ces quatre Tableaux, qui sont pendans, sont peints sur cuivre; ils ont chacun 2 pieds 6 lignes de haut, sur 1 pied 5 pouces de large. Ils viennent de la bibliothèque ambroisienne de Milan, et passaient pour un des ornemens les plus précieux de cette galerie. Breughel étudiait encore à Rome pour s'y former, lorsque le Cardinal Frédéric Borromée, qui connut ses talens, l'attira près de lui, à Milan, où il travailla en petit avec un succès étonnant. Comblé de bienfaits par ce Prélat, Breughel, reconnaissant, ne terminait pas d'ouvrage qu'il ne les lui offrit; d'où il est résulté que les meilleurs et les plus finis étaient dans cette galerie. On en comptait jusqu'à vingt-trois, parmi lesquels les *quatre élémens* ont toujours passé pour les plus parfaits. En effet, leur exécution est merveilleuse; et, pour en connaître tout le mérite, il faut les voir à la loupe. On a offert de ces quatre Tableaux 30,000 philippes ( 150,000 liv. )

142. *Daniel dans la Fosse aux Lions.*

Sur le devant on voit le jeune Daniel agenouillé et entouré de tigres et de lions qui le caressent respectueusement; en haut et sur le bord de la fosse, le Roi Nabuchodonosor, entouré de sa cour

et d'une grande quantité de peuple,
témoigne sa surprise à la vue de
ce phénomène. Le fonds représente
un paysage, avec le palais de Nabuchodonosor sur la gauche.

Ce Tableau, peint sur cuivre, a 9 pouces 6
lignes de haut, sur 13 pouces 6 lignes. Il
vient de la bibliothèque ambroisienne de Milan.

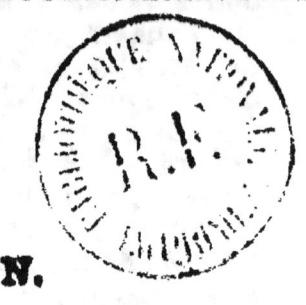

F I N.

www.ingramcontent.com/pod-product-compliance
Lightning Source LLC
Chambersburg PA
CBHW071557220526
45469CB00003B/1044